HEYNE BÜCHER

Das Buch

1997 endet die britische Herrschaft über die chinesische Halbinsel Hongkong, die bedeutendste Handelsmetropole zwischen Ost und West. Daß die beiden chinesischen Ideogramme »Hong Kong« die vielsagende Bedeutung »Hafen der Düfte« haben, weiß kaum ein Europäer – und noch weniger, daß »Hafen der Düfte« im Slang der Hongkonger Bordellbesitzer die weibliche Scham meint. Harold Nebenzal läßt in seinem Buch alle Nuancen Hongkongs in ihrer Vielschichtigkeit und Farbenpracht aufeinandertreffen. Seine Protagonisten erleben den »Hafen der Düfte« an drei der letzten Tage als englische Kronkolonie intensiv – alle auf ihre Weise. Den nachhaltigsten Eindruck aber wird Hongkong bei Victoria Phillips hinterlassen, der ganz und gar unromantischen Heldin der Geschichte. Ihr, einer eher unterkühlten Neuengland-Schönheit, Kunstkennerin und gelangweilten Vorzeigefrau eines karrieresüchtigen Bankers, eröffnen sich im Hafen der Düfte völlig neue Dimensionen. Ihren drei Tage währenden Aufenthalt in Hongkong malte sie sich in ihrer Vorstellung durchaus exotisch aus. Aber was sie schließlich tatsächlich erlebt, übersteigt alles, was ihre kühnsten Fantasien je hervorgebracht haben . . .

Der Autor

Harold Nebenzal, geboren 1922 in Berlin, 1941 Captain im Marine-Corps, arbeitete als Drehbuchautor und Produzent mit John Huston, Ingmar Bergman, Marcello Mastroianni und Billy Wilder. Er war am Oscarpreisträger *Cabaret* beteiligt und produzierte Jorge Amados Film *Gabriela* in Brasilien. Er lebt in Beverly Hills.
Im Wilhelm Heyne Verlag ist auch sein erster Roman *Café Berlin* (01/9905) erschienen.

HAROLD NEBENZAL

# HAFEN DER DÜFTE ODER DIE LETZTEN TAGE VON HONGKONG

*Roman*

Aus dem Amerikanischen
von Ursula-Maria Mössner

WILHELM HEYNE VERLAG
MÜNCHEN

HEYNE ALLGEMEINE REIHE
Nr. 01/10079

Titel des Originalmanuskripts
FRAGRANT HARBOUR
Autor, Übersetzerin und das Lektorat danken
HARRY ROWOHLT
für die tätige Unterstützung

*Umwelthinweis:*
Das Buch wurde auf
chlor- und säurefreiem Papier gedruckt.


Einzig berechtigte Taschenbuchausgabe
Wilhelm Heyne Verlag GmbH & Co. KG, München
Printed in Germany 1997
Umschlaggestaltung: Atelier Ingrid Schütz, München,
unter Verwendung eines Gemäldes von Henri Gervex
Druck und Bindung: Ebner Ulm

ISBN 3-453-11678-X

香港

»Die zwei chinesischen Ideogramme für *Hong Kong* meinen ›Hafen der Düfte‹. So heißen die Mandarine die Insel. Asienreisende indes denken bei diesen Worten an den Duft von Gewürz, Moschus und Opium, welcher sein verführerisches Miasma über die Meere verströmt.«

FREDERICK V. DICKINS,
*A Vicar in Cathay*, London 1853

»Hafen der Düfte; Bezeichnung der Hongkonger Bordellbesitzer für die weibliche Scham.«

Lt. F. R. FRYE-JONES,
*A Compendium of China Side Slang*,
Edinburgh 1903

# I

Das Waisenhaus des Ordens Unserer Barmherzigen Frau liegt, hinter einer fleckigen Backsteinmauer versteckt, am Fuße der Rua dos Pescadores. In der Altstadt von Macao ist es als *Orfanato da Nossa Senhora dos Humildes* bekannt und nimmt sich seit fast hundert Jahren elternloser Knaben an.

Das alte Gebäude aus der Kolonialzeit lag schlaftrunken in der Mittagssonne, die vom Südchinesischen Meer zurückgeworfen wurde. Die Schützlinge – unschuldige Vierjährige bis hin zu aufsässigen, pubertierenden Vierzehnjährigen – lagen apathisch in ihren Stockbetten. Bis auf einige Eurasier, dem Nebenprodukt flüchtiger Begegnungen zwischen einheimischen Frauen und portugiesischen Männern von niedrigem Stand, waren alle Knaben Chinesen. Schwarzweiße Fußbälle, deren Blasen in der prallen Sonne anschwollen, lagen verlassen im Hof herum. Die Handvoll Nonnen, das Personal des Waisenhauses, hielt Siesta in ihren keuschen, weißgetünchten Zellen. Selbst die Küchenkatzen schlugen kaum mit den Schwänzen; zu hören war nur das dumpfe Aufprallen der Schmeißfliegen und das Summen der Bienen, die

die blühenden Kletterpflanzen im Hof befruchteten.

Im Büro der Schwester Oberin wechselte Geld den Besitzer. Ein Chinese in den Dreißigern, ein gutaussehender Mann mit harten Gesichtszügen, blätterte fünfzehntausend Hongkong-Dollar auf den Tisch, als wären es Spielkarten. Die Nonne wartete, bis keine weiteren Scheine mehr kamen, und schob das Geld dann mit geübter Hand in die offene Schublade über ihrem Schoß. Die beiden machten das bereits seit über zehn Jahren einmal im Monat, und die einzige Veränderung war, daß die Beträge im Laufe der Jahre immer größer wurden. Die Nonne ging um den Tisch herum, legte dem Mann, noch bevor er aufstehen konnte, die Arme um die Schultern und zog ihn fest an ihr gestärktes weißes Ordenskleid.

»Gott segne dich, Eduardo«, sagte sie. »Du warst schon immer mein Liebling, und meine Hoffart ist belohnt worden.«

Der Mann erhob sich und küßte der Schwester Oberin die Wangen.

»Solange ich Geld verdiene, werden die Kinder zu essen haben. Und zwar gut!« fügte er hinzu. Dann ging er hinaus.

Während er hinunter zum Kai eilte, zu dem Tragflächenboot, das ihn nach Hongkong zurückbringen würde, dachte er, daß er sie öfter besuchen sollte. Seine geliebte *mae*, das portugiesische Wort für Mutter, und der Name, unter dem er sie seit frühester Kindheit kannte, kam inzwischen in die Jahre. Und sie war die einzige Mutter, die er je gekannt hatte. Ihr gewöhnlich glänzendes schwarzes Gesicht nahm bereits den aschgrauen Ton an, der bei Afrikanern vorgerückten Alters so häufig ist. Eines Tages würde er sie vermissen; er, das Findelkind, und sie, die Empfängerin von schmutzigem Geld, zwei Verschwörer, die sich zusammengetan hatten, um fünfundsiebzig elternlosen und verlassenen Knaben ein Dach über dem Kopf, eine Ausbildung, Nahrung und Liebe zu geben.

In der Stille des schlafenden Waisenhauses dachte Schwester Rafael an den Tag vor über dreißig Jahren zurück, an dem sie, als junge Nonne, die gerade erst aus Portugal eingetroffen war, das kleine, in Zeitungspapier eingewickelte Ding – mehr Krustentier als Mensch – auf den Stufen des Waisenhauses gefunden hatte. Sie erinnerte sich, wie die Schwester Oberin, eine gestrenge portugiesische Aristokratin, befohlen hatte, den Säugling ins Fürsorgeheim zu bringen. Und sie, eigensinnig und ungehorsam, hatte Kupfermünzen aus dem Opferstock gestohlen, um eine *amah* zu bezahlen, die den Kleinen stillte, um ihm die Kraft zu geben, die er brauchte, um ins Waisenhaus aufgenommen zu werden. Und wie sie, entgegen allen Regeln, das kleine Wesen geliebt hatte, als wäre es ihr eigenes.

Diese Liebe wurde zunächst mit Küßchen honoriert, dann mit kleinen Geschenken, die aus Papier und Schnur gebastelt waren; und, nachdem er mit dreizehn Jahren ausgerissen war, mit den Geldgeschenken, die er brachte, damit die Kleinen zu essen hatten. Und nun, da er Erfolg hatte, wurden die Beträge immer größer. Schwester Rafael war keine Närrin; sie wußte, daß das Geld aus unkonventionellen Unternehmungen stammte, vermutlich aus verbotenem Glücksspiel, möglicherweise aus den Einkünften von Mädchen, vielleicht aus dem Verkauf von Diebesgut. Sie wußte, daß es Hoffart war, diesen Knaben all den anderen vorzuziehen; sie wußte, daß es eine Sünde war, ihn mehr zu lieben als all die anderen; sie wußte, daß es unzulässig war, schmutziges Geld anzunehmen, und sei es auch für eine ehrenhafte Sache. Doch das gute Essen, die warmen Decken, das Spielzeug, die Medikamente für ihre kleinen Schutzbefohlenen trübten ihr Urteil. Um ihr religiöses Gewissen zu beschwichtigen, züchtigte sie sich insgeheim mit einer neunschwänzigen Katze, und das bereits seit fast dreißig Jahren. Ihr Rücken war voller Narben von den geknoteten Lederriemen der Peitsche, mit der sie sich geißelte. Diese Bußübung, die wahrscheinlich wieder eine Sünde war, beichtete sie niemandem.

Sie betete inbrünstig, Eduardo möge nun, da er sich finanziell gut stand, eine junge Frau aus einer Kaufmannsfamilie finden und eine eigene Familie gründen. Sein Kind auf ihrem Schoß zu halten wäre ihr Lohn genug. Aber sie wußte, daß Eduardo ungezügelt, ehrgeizig und insbesondere Frauen und den Freuden, die sie schenkten, verfallen war.

Das Thema Sex war ihr nicht fremd. Als vierzehnjähriges Mädchen, das in einem aus Lehmhütten bestehenden Dorf in Angola lebte, war sie von einem Onkel defloriert worden. Danach kopulierte sie fröhlich mit den jungen Rinderhirten aus Mufuma, ihrem Heimatdorf. Ihre kleine, purpurne Vagina, gekrönt von einem Dreieck dichter kleiner Löckchen, hatte sich an den Stößen ihrer Penisse berauscht. In diese waren winzige Kieselsteinchen unter der Haut des Schaftes implantiert worden. Das wollüstige Reiben dieser Steinchen an ihrer Klitoris hatte sie wieder und wieder in die Arme der Hirten getrieben. Sie dachte zurück an die eisigen afrikanischen Nächte und an die jungen, nackten Körper, die in der Wärme des Viehgeheges, zwischen den dampfenden und muhenden Kühen, Unzucht trieben.

All das hörte um ihren fünfzehnten Geburtstag herum auf. Von einer eifersüchtigen jungen Tante verraten, wurde sie zur Hebamme des Dorfes gebracht, die ihr mit einer Rasierklinge die Klitoris und die kleinen Schamlippen entfernte. Sie selbst sah dies nicht als Initiation in die üblichen Stammessitten an, sondern als unverdiente Bestrafung für ihre jugendlichen Vergnügungen.

Sobald sie wieder humpeln konnte, machte sie sich auf den Weg nach Luanda, in die Hauptstadt, und bat im örtlichen Kloster um Aufnahme. Zwei Jahre lang scheuerte sie dort schmutzige Töpfe und Pfannen, putzte die stinkenden Toiletten und ertrug die Schläge der Nonnen, die von der afrikanischen Hitze zum Wahnsinn getrieben wurden; arme Dinger, die der Hitzeausschlag rasend machte, der ihre rosigen und weißen Körper an Stellen überzog, die sie weder sehen noch berühren durften. Aufgrund ihres Fleißes, ihrer angeborenen Intelligenz und ihrer Portugiesischkenntnisse wurde sie nach Portugal geschickt, in das Mutterhaus in Coimbra an der Atlantikküste. Dort legte sie das Gelübde ab und erhielt den Namen eines obskuren afrikanischen Märtyrers, eines Mitglieds der frühen Scilitanischen Kirche.

Nach ihrer Aufnahme in den Orden arbeitete sie im Büro des Klosters, lernte Buchführung, Lagerhaltung, die Anfangsgründe der Heilkunde und wurde dann in die portugiesische Kolonie Macao an der südchinesischen Küste geschickt, genauer gesagt in das *Orfanato da Nossa Senhora dos Humildes*, um unter den heidnischen Chinesen gute Werke zu verrichten. Sie überstand das Regiment zweier Oberinnen und wurde schließlich, da sie sich auf kantonesisch und auf englisch zu verständigen wußte, selbst in dieses hohe Amt berufen.

## II

Das Antikenmuseum des Volkes in Haimen birgt, oder besser barg, eine Sammlung, die den künstlerischen und schöpferischen Geist der buddhistischen, konfuzianischen und taoistischen Schule repräsentierte. Folglich umfaßte es auch Stücke aus Indien, Tibet und sogar Nepal. Seine staubigen Säle lockten nur an Feiertagen Besucher aus dem benachbarten Shantou – Swatow für alte Chinafahrer – an. Trotz zögernder Schritte in Richtung einer chinesischen *apertura* ist Peking noch keineswegs bestrebt, seinen progressiven Bürgern eine derart verderbte und übertriebene Pracht vor Augen zu führen. Die meisten Besucher sind Touristen in verschwitzter bügelfreier Kleidung; ernste, brillentragende Amerikaner, Japaner und Deutsche, beladen mit Rucksäcken und Fotoapparaten.

Das war die Sachlage um 1.30 Uhr, als der Nachtwächter sein altersschwaches Fahrrad an die blutrote Balustrade vor dem Eingang des Museums lehnte. Er nahm die Taschenlampe vom Lenker, zog einen großen eisernen Schlüssel aus dem Gürtel und steckte ihn ins Schloß.

»Der dämliche Direktor hat vergessen, die Tür abzusperren«, murmelte er.

Der Nachtwächter, ein älterer Mann in ausgebeulter grüner Baumwolluniform und dazu passender Mao-Mütze, litt an Hämorrhoiden. Der harte Fahrradsattel, auf dem er während seiner vorgeschriebenen Runden saß, hatte sie vermutlich noch verschlimmert. Dieses kleine Leiden hatte einen schlurfenden Watschelgang zur Folge, der wiederum bewirkte, daß der Lichtstrahl der Taschenlampe nicht gleichmäßig über die Wände und Vitrinen des Museums glitt. Der Wachmann war noch keine fünfzehn Meter, oder *goun chek* seiner Berechnung nach, gegangen, als er bemerkte, daß etwas nicht stimmte. Die Vitrinen aus Rosenholz standen offen, waren leergefegt, und von den Kunstgegenständen waren nur die Spuren auf den staubigen Regalen zurückgeblieben. Der Wachmann richtete den Lichtstrahl auf den mächtigen Gautama Buddha, der auf seinem vergoldeten Sockel saß, sah, daß man den Kopf chirurgisch abgetrennt hatte. Er war über diesen Akt der Barbarei entsetzt. Trotz der strengen Umerziehungsmaßnahmen, die während der Kulturrevolution ergriffen worden waren, hatte er sich eine besondere Vorliebe für diesen großen Lehrer bewahrt, dessen Anwesenheit hier ihn an duldsamere, respektvollere Zeiten erinnerte.

Der Wachmann brauchte nicht erst durch das ganze Erdgeschoß zu humpeln; der trübe Lichtstrahl sagte ihm, daß das Museum des Volkes in Haimen ausgeplündert worden war – und zwar völlig. Zum Glück befand sich das Büro gleich in der Nähe, ebenso das Telefon, von dem aus er den Museumsdirektor alarmieren konnte. Er schaltete die einzelne Lampe ein, die den Raum erhellte, holte seine Stahlbrille aus der Jacke, legte sich die Schlaufen aus Schnur, die die Metallbügel ersetzten, über die Ohren und fand schließlich Telefonnummer und Adresse des Direktors auf einem zerknitterten vergilbten Zettel. Er nahm den Hörer des altmodischen Apparats ab und wählte mehrmals die Nummer, ehe ihm dämmerte, daß das Kabel aus der Wand gerissen worden war.

Während er zum Haus des Direktors radelte, versuchte er sich zurechtzulegen, wie er die unangenehme Nachricht schonend einem wutschnaubenden Bürokraten beibringen sollte. Er würde den Direktor mit *Bo Sih*, Meister oder Lehrer, anreden, vielleicht auch mit *Gaau San*, Professor oder Doktor. Doch dann verwarf er derartige Schmeicheleien als gefährlich vorrevolutionär. Das korrekte *Tun Ji*, Genosse, kam nicht in Frage; der Direktor würde es für eine Unverschämtheit halten und nur noch mehr toben. Als der Wachmann am Ziel ankam, suchte er noch immer nach dem passenden Wort.

Die Straße mit ihren ansprechenden Backsteinhäusern, die hinter Mauern aus Backstein und Kacheln lagen, hatte aus der alten Zeit überdauert. Die zahlreichen Weiden und Bambushecken beherbergten Myriaden von Insekten, die mit ihrem rhythmischen Zirpen die Nacht erfüllten. Merkwürdigerweise fiel noch Licht aus dem Haus des Direktors. Der Wachmann hatte sein Fahrrad bis zur Haustür geschoben und wollte gerade klopfen, als weibliches Gelächter seine Faust mitten in der Luft innehalten ließ. Auf das glockenhelle Lachen der Frau folgte das tiefere polternde Gelächter eines Mannes. Der Direktor! Neugierig geworden, schob der Wachmann sein Fahrrad näher ans Fenster und drückte das Gebüsch zur Seite. Er preßte das Gesicht an die Bambuslamellen und sah, teils direkt im Licht, teils, zu seinem Leidwesen, im Halbdunkel, wie sich der Direktor mit zwei jungen Frauen vergnügte. Wäre der Wachmann in den taoistischen Klassikern geschult gewesen, so hätte er gemerkt, daß der Museumsdirektor und die jungen Frauen das Päonienfest zelebrierten. Doch da er einfacher bäuerlicher Herkunft war, sah er nur, daß der Direktor und die Frauen in schamlosen Positionen miteinander verwoben waren. Wie er den Direktor beneidete! Der Wachmann dachte sich daher mit Recht, daß der Direktor ihm den Kopf abreißen würde, nicht wegen des Diebstahls der Museumsstücke während seiner Wache, sondern wegen der Störung bei einem so angenehmen Zeitvertreib. Die Meldung konnte warten. In der Zwischenzeit genoß er die erotische Darbietung und ließ die Hand in die Tiefen seiner Hosentasche gleiten, um seinen Gefühlen Ausdruck zu verleihen.

Und so kam es, daß, während der Museumsdirektor und der Wachmann nach unterschiedlichen Höhen der Befriedigung strebten, die letzten Schätze des Museums von einem Lastwagen geladen und zügig in den Laderaum einer verdunkelten und motorisierten Dschunke gebracht wurden. Die Dschunke tuckerte durch die Bucht von Haimen und dann auf das Südchinesische Meer hinaus. Sie würde etwa 250 Kilometer in internationalen Gewässern zurücklegen, nach Steuerbord halten und Hongkong anlaufen.

## III

Das Polizeipräsidium der Royal Hong Kong Police Force, von den Einheimischen *Ging Chat Chong Bo* genannt, liegt in der Arsenal Street, in einem Bezirk, der vor Jahrzehnten durch Suzie Wong bekannt wurde, die Hure mit der goldenen – Seele.

Der Polizeikomplex besteht aus dem abweisend modernen Wolkenkratzer des Arsenal House, dem kleineren und älteren May House sowie dem mehrstöckigen Caine House, in dessen Anbau früher die verheirateten Beamten untergebracht waren. Das Arsenal House ist das hinterste Gebäude, die beiden anderen liegen auf einer Linie mit ihm und blicken auf die Connaught Road. Und dort, im 15. Stock des Arsenal House, dessen Dach von Antennen und anderen elektronischen Geräten starrt, sitzt Superintendent Ivor Braddock in seinem Büro mit Aussicht auf den Victoria Harbour.

Braddock, ein Londoner Anfang vierzig, war seit vierzehn Jahren in Hongkong. Er war untersetzt, und seine einst feste Muskulatur wurde schlaff; ein Hinweis auf seine anhaltende Vorliebe – oder vielmehr Leidenschaft – für die heimische Küche. Sein St.-Michael-Hemd klaffte am Bauch, und seine schmale Krawatte trug er auf die einzige Weise, die englische Standardschlipse zulassen – mehr geknotet als gebunden. Braddock war Junggeselle und hatte andere Leidenschaften, so er denn welche hatte, von Tratsch und Vermutungen ferngehalten. Er sprach den örtlichen kantonesischen Dialekt fließend und konnte fluchen wie ein Stallknecht; was er auch tat, sobald sich die Gelegenheit bot. Die Polizeibeamten, ob Engländer oder Chinesen, mochten ihn; desgleichen das Gesindel, das er hinter Gitter brachte. Er stand über politischen Machenschaften, machte keine krummen Geschäfte nebenbei, war unbestechlich, aber nicht selbstgerecht. Er mochte seine Mitmenschen und schmunzelte über ihre Schwächen. Aber bei der Erfüllung der ihm von der Royal Hong Kong Police Force übertragenen Aufgaben war Braddock so unerbittlich wie Justitia persönlich.

Er saß hinter seinem Schreibtisch und wartete, bis das halbe Dutzend Beamte Platz genommen hatte. Sein Schreibtisch war ein Chaos. Akten, Veröffentlichungen, Notizen, Aschenbecher, die bis zur Halskrause mit Zigarettenkippen gefüllt waren; schmutzige Teetassen chinesischer wie westlicher Provenienz, ein Schüsselchen mit kalten Nudeln, die außen schon erstarrten; Wegwerf-Eßstäbchen und sein ganz persönlicher Plastikständer, der Flaschen voll Sojasauce, scharfem Öl, rotem Essig, Fischsauce und Zahnstocher enthielt. Daneben stand eine Flasche orangefarbener Lucozade, dem beliebten britischen Stärkungsmittel, das, zusammen mit Ovomaltine, Bovril und Cream Crackers, dem Union Jack in fernste überseeische Außenposten gefolgt war. Außerdem schien Braddock eingetrocknete Kugelschreiber und abgebrochene Bleistifte zu sammeln. Er wartete, bis die Männer ihre Zigaretten angezündet hatten. Daß diese karzinogen waren, Emphyseme, Herzkrankheiten und ähnliche Leiden verursachten, wurde in der Kronkolonie nicht weiter ernst genommen. Braddock steckte sich eine Senior Service an und legte los.

»Die *sih bien* war heute morgen mal wieder am Dampfen. Ein Anruf aus Peking. Vom Minister für Altertümer persönlich. Das übliche. Tempel, Gräber, sogar Museen werden systematisch ausgeplündert, und der ganze Schrott landet dann in unserem Zuständigkeitsbereich.« Braddock machte einen Lungenzug und stieß den Rauch durch die Nase aus. »Der Minister fügte noch hinzu, daß sie auf ›glückbringende Zusammenarbeit‹ mit uns hoffen, wenn sie 1997 anrücken.«

Die Männer schnaubten zynisch. Braddock nahm keine Notiz von ihrer Reaktion auf die kommende Vereinigung mit dem Festland.

»Was unternehmen wir? Überprüft schon jemand die Läden? Versteht jemand was von Kunst, abgesehen von Brautbüchern?« fragte er.

Gelächter über die Anspielung auf jene Handbücher, die man Frauen im alten China vor der Hochzeit gab; Manuale, die anschaulich schilderten, auf welch vielfältige Weise von ihnen erwartet wurde, mit ihren Ehemännern zu kopulieren.

Inspector Woo, humorlos und eifrig, hob den Bleistift. »Alle angesehenen Händler können Ursprungszeugnisse vorlegen. Die kleinen Läden führen nur Reproduktionen, Kram, der von Pauschaltouristen gekauft wird. Die guten Sachen werden entweder eingelagert oder umgeschlagen. Und wir können ja nicht jedes Warenlager in der Kolonie durchsuchen.«

»Langsam, Woo«, sagte Braddock. »Wir wissen, daß dieses Zeug nicht in Trödelläden landet. Der Minister sprach schließlich nicht vom Spucknapf Ihres Großvaters.«

Erneutes Gelächter. Der Spucknapf ist ein wichtiger Gegenstand in China, besonders in traditionellen Familien. Die Chinesen spucken ständig aus, und zwar aus gutem Grund. Spucken befreit nicht nur die Bronchien und die Nasengänge von Schleim und sorgt für freies Atmen, sondern ist auch eine sichere Methode, um böse Geister unschädlich zu machen. Und böse Geister gibt es überall, auch wenn die *gwailo,* oder fremden Teufel, das nicht wissen. Braddock wartete, bis sich das Gelächter legte.

»Der Minister sagt, daß sie nach taoistischen Ming-mu-Jadearbeiten aus der Han-Zeit suchen, die ein Vermögen wert sind; Artefakte, Vasen, größere Schnitzereien, Dinge, die nicht mit den Mastschweinen bei Lo Wu über die Grenze kommen.« Braddock trank einen Schluck kalten Tee. »Diese Sachen kommen auf dem Seeweg vom Festland. Ich möchte, daß für morgen um zehn eine Besprechung mit der Wasserschutzpolizei anberaumt wird. Das war's!«

Er wartete, bis die Männer hinausgegangen waren, bevor er in seinen abgetragenen schwarzen Blazer mit den abgewetzten Lederflecken an den Ellbogen schlüpfte. Er hatte es eilig. Draußen auf der Straße wartete Senior Inspector Lee in seinem Honda auf ihn. Sie wollten in einem neuen vietnamesischen Lokal zu Mittag essen. Lee war schon dort gewesen und hatte das *banh cuon*, die Leibspeise aller Vietnamesen, als himmlisches Hundefutter bezeichnet. Es bestand aus mehreren Schichten heller Schweinswurst, mehreren Metern weicher Reisnudeln, knusprigen, mit Curry gewürzten Brotwürfeln und Röhrchen aus Nudelteig, die mit braungebratenem Schweinefleisch, Chilis und Bohnensprossen gefüllt und anschließend mit gebratenem Knoblauch und Korianderblättern bestreut wurden. *Mehr besser als Frau*, dachte Braddock, dem schon das Wasser im Munde zusammenlief. Er hatte diesen Slogan in einem Tokioter Sex-Shop gesehen, wo er für einen hydraulischen Apparat für Handelsvertreter und sonstige Selbstbefriediger warb. Aber jetzt brauchte Braddock etwas Herzhaftes, um sich für die Sitzung am Nachmittag zu stärken. Sie sollte sich mit den Sicherheitsvorkehrungen für die Internationale Bankenkonferenz befassen, die in der kommenden Woche in der Kolonie stattfand.

## IV

Die Firma Pemberton & Mather liegt am unteren Broadway in New York, einen kurzen Spaziergang von der Battery entfernt, in einem neoklassizistischen Gebäude, einem Stil, der Mitte der zwanziger Jahre populär war. Es beherbergt konservative Anwaltskanzleien und alteingesessene Versicherungsgesellschaften. Mehrere Versuche bärtiger Hebräer mit Schläfenlocken, Herren in schwarzen Hüten und schwarzen Mänteln, hier Büroräume anzumieten, um Kameras, Videorecorder und elektronische Geräte zu Discountpreisen zu verkaufen, waren von den Besitzern entschlossen abgewehrt worden.

Wie das kleine, auf Hochglanz polierte Messingschild im 23. Stock besagte, hatte man es bei Pemberton & Mather mit einer Handelsbank zu tun. Die Öffentlichkeit weiß nicht so recht, worin die Tätigkeit einer Handelsbank besteht; auf jeden Fall spielt sie sich hinter verschlossenen Türen ab, in kleinen Büros mit grauem Teppichboden und englischen Jagdszenen an den getäfelten Wänden. Handelsbanken fungieren als Treuhänder und Anlageberater ihrer Kunden und bewegen Gelder über internationale Grenzen hinweg, ohne Spuren zu hinterlassen.

Eine Handelsbank unterscheidet sich von einer normalen Bank dadurch, daß der Publikumsverkehr nicht über Schalterbeamte läuft. Hier findet man keine iranischen Kassiererinnen, die Geld auszahlen, als wäre es ihr eigenes; keine nubischen Prinzessinnen, deren Namensschild sie als »LaTrisha« ausweist und die »Wie geht's?« hauchen, wenn man seinen Gehaltsscheck einzahlt; keine geschniegelten jungen Männer mit mehreren Ohrringen, die einem eindringlich »Einen wunderschönen Tag auch« wünschen. Kurz, in Handelsbanken gibt es keine Angehörigen nationaler Minderheiten. Bei Pemberton & Mather heißt das Personal Miss Watkins, Miss Whitbread und Miss Willoughby. Ausgenommen die Empfangsdame und Telefonistin. Entschlossen, Einzug in das Computerzeitalter zu halten und sich der Bewegung »Keine Diskriminierung am Arbeitsplatz« anzuschließen, hatten Pemberton & Mather eine Miss Caravaggio eingestellt, die im Vestibül installiert wurde. Miss Caravaggio, die dazu neigte, im Sommer Stretch-Tops und bei kühlerer Witterung tief ausgeschnittene Satinblusen zu tragen, hatte ein Paar konische *cucuzzette*, die wie abschußbereite Raketen vorragten. Wie Randy Fenwick im Umkleideraum des University Club zu Otis Phillips sagte: »Mensch, Otis, hast du heute die Titten von der Vaggio gesehen? In der grünen Bluse? Da habe ich doch gleich dreimal nach Nachrichten für mich gefragt.« Otis hatte sie in der Tat gesehen. Letzten Dienstag, um genau zu sein, als er seiner Frau sagte, er müsse unbedingt an einem Geschäftsessen teilnehmen.

Nun saßen Otis Phillips, Randy Fenwick und weitere Firmenangehörige an dem langen, polierten ovalen Tisch des Konferenzzimmers, denn es war Mittwoch und zehn Uhr vormittags, der feste Termin der wöchentlich stattfindenden Besprechung. Den Vorsitz führte George Pemberton, da Wilson Mather 1984 das Zeitliche gesegnet hatte. Im aufwendigen Briefkopf der Firma war Wilson jedoch noch präsent, mit einem dezenten kleinen schwarzen Kreuz hinter dem Namen.

George Pemberton war Ende sechzig, Otis Phillips vierunddreißig, Randy sogar noch jünger, doch unter den Männern am Tisch herrschte eine ungezwungene Kameradschaftlichkeit, die auf gute Schulen und Squashspielen zurückging. Diese Männer waren echte Adepten des Brooks-Bros.- und des J.-Press-Looks. Ihre ungepolsterten Schultern, ihre unmöglich zerknitterten Button-down-Hemden, ihre lächerlich kurzen Hosenbeine, Anzüge, die aussahen, als ob man darin geschlafen hätte, das alles verkündete gewöhnlichen Sterblichen: »Wir, die wir mit kalten Duschen, Eistee und gegrillten Käsesandwiches großgezogen wurden, sind die Sachwalter des Erbes dieser Nation. Wir haben uns Staat, Banken, Versicherungen, Erdöl und Industrie zu eigen gemacht. Ihr anderen dürft euch ruhig in den Medien oder im Verlagswesen oder gar im Filmgeschäft abrackern.« Lediglich Otis Phillips fiel ein wenig aus dem Rahmen. Er trug einen Dunhill-Blazer, ein Hemd von New and Lingwood und ein Paar glänzende Schnallenschuhe, die er vor Jahren bei Salato in Rom gekauft hatte. Sein blondes Haar, hinter die Ohren zurückgekämmt, fiel bis auf den Kragen.

Auf diesen wöchentlichen Sitzungen wurden Bilanzen vorgetragen, Kontostände erörtert, Faxe von den Bahamas, aus Liechtenstein und Panama verlesen und dann in den Reißwolf gesteckt. Hin und wieder blitzte ein Cross-Füllhalter auf, wenn etwas notiert wurde, aber ansonsten waren die Männer ganz Ohr. Gewiß, einige der älteren Männer bekamen glasige Augen, als sich die Sitzung in die Länge zog. George Pemberton machte eine Pause und nahm einen Brief von dem Stapel vor ihm.

»Meine Herren«, sagte er. »Nächste Woche ist in Hongkong die Internationale Bankenkonferenz. Einer der Referenten hat abgesagt. Das Organisationskomitee hat uns gebeten, mit einem Redner einzuspringen.«

Bei dieser Mitteilung gingen die Köpfe hoch, doch die Männer hatten schon vor langer Zeit die Kunst perfektioniert, sich niemals ein besonderes Interesse für was auch immer anmerken zu lassen.

George Pemberton fuhr fort: »Das Thema des geplanten Vortrags ist ›Erlassen oder Vergessen? Die Rolle der Banken bei der Verschuldung der Dritten Welt‹. In Anbetracht meines Dienstalters fand ich, daß ich selbst nach Hongkong reisen sollte. Doch daran hindert mich leider zweierlei. Das Spiel in New Haven am zweiten Oktober und mein fünfunddreißigster Hochzeitstag am dritten. Margaret wäre alles andere als entzückt, wenn ich den Abend in einem chinesischen Vergnügungslokal verbringen würde.« Seine Bemerkung wurde mit höflichem, aber nachsichtigem Gelächter quittiert. »Glücklicherweise haben wir hier einen jungen Mann, der so vernünftig war, die London School of Economics zu besuchen.«

Bei diesen Worten wandten sich alle Augen Otis Phillips zu, dem es gelungen war, eine geziemend bescheidene Miene aufzusetzen.

»Meiner Meinung nach wird Otis unser Haus würdig vertreten«, fuhr Pemberton fort. »Und die Anwesenheit seiner reizenden Frau wird Pemberton & Mather einen erstklassigen Auftritt garantieren, der schwer zu überbieten sein wird.«

Otis' Gedanken überschlugen sich bereits. Tolle Rede. Porträt im ›Wall Street Journal‹. Auszüge im ›Economist‹. Interview mit der Weltbank. Versetzung nach Paris. Rio. Große Zukunft! Doch er erhob sich mit ausgesuchter Höflichkeit und dankte George Pemberton ruhig und mit den passenden Worten für das in ihn und seine Frau Victoria gesetzte Vertrauen.

# V

Otis Phillips und seine Frau Victoria waren beim Abendessen. Sie saßen sich an den Schmalseiten des Brancusi-Tisches gegenüber, der zehn Personen Platz bot – ein guter Maßstab für den Zustand ihrer Ehe. Otis trug noch seinen Blazer, hatte jedoch die Salato-Schuhe mit einem Paar grüner Samtpantoffeln vertauscht, die mit goldenen Fuchsköpfen bestickt waren. Unter gesenkten Lidern hervor musterte er seine Frau. Sie war ein echter Rotschopf; nicht messingfarben, nicht karottenrot, sondern rotblond wie gesponnenes Gold im Morgenlicht. Obwohl sie die Sonne mied, lag ein Hauch von Sommersprossen auf ihrem Nasenrücken. Ihre makellose Haut wurde durch einen kleinen Schönheitsfleck oberhalb des rechten Mundwinkels beeinträchtigt. Für den Kenner war dies lediglich ein aparter Akzent, der den porzellanweißen Teint betonte. Darüber hinaus war sie groß; nicht spindeldürr wie ihre Freundinnen, sondern gertenschlank, mit kleinen hohen Brüsten. Sie hatte eine hervorragende Erziehung genossen, war elegant und weit über das Sexuelle hinaus bezaubernd. Sie veranlaßte Männer, darüber nachzusinnen, ob sie eine Frau aus Fleisch und Blut war; ob sie stöhnte und schwitzte und sich hin und her warf; oder ob all diese weiblichen Attribute weggestylt worden waren. Sie trug ein weißes Seidenhemd, eine weiße Hose, eine Seidenkrawatte ihres Mannes an Stelle eines Gürtels, und ihre schmalen Füße steckten in Cole-Haan-Mokassins. So saß sie am anderen Ende des Tisches; kühl und weiß, ohne Unterwäsche und ohne Strumpfhose, für Otis eine unnahbare Gegenspielerin.

Das Eßzimmer mit seiner hellen Eschetäfelung, den Kerzenleuchtern und dem Tafelsilber von Christofle und dem Dufy mit Segelbooten bei Deauville hätte ein privates Speisezimmer an Bord der alten *Ile de France* sein können. Das Essen, von Prudence, der ältlichen Haushälterin aus Trinidad, serviert, war typisch amerikanisch. Die eiskalten Spargel direkt aus dem Kühlschrank, die Vinaigrette, die verdächtig wie Wishbone-Dressing aus der Flasche schmeckte, die gegrillte Flunder mit den Petersilienkartoffeln und das kalorienarme Sorbet bildeten eine Mahlzeit frei von Fett, Geschmack, Aroma und Genuß. Weder Otis noch Victoria achteten darauf oder kümmerten sich darum. Sie hatten Prudence nach dem Tod von Otis Phillips sen. geerbt, und sie fuhr fort, Mahlzeiten zu servieren, die den Kriterien der Dynastie der Phillips' entsprachen. Wenn sie doch nur ein einziges Mal, dachte Prudence, nur ein einziges Mal ihr heimatliches *kallaloo* servieren könnte, das reichhaltige Schmorgericht aus Krabben, gepökeltem Schweinefleisch, Okraschoten und Taroblättern; dazu ihr *foo-foo* aus zerdrückten Mehlbananen; wenn sie doch nur ein einziges Mal ihr wunderbares Dessert servieren könnte, ein englisches Trifle aus Vanille, Brandy, Sahne, gelbem Biskuit und roter Konfitüre. Aber sie wußte, es sollte nicht sein.

Prudence hatte ihr Geld gespart und würde eines Tages nach Trinidad zurückkehren, in die von der Sonne ausgedörrten Slums von Port of Spain, und dort Heerscharen von Enkeln und Urenkeln mit Ziegenfleisch-Curry, gebackenem Aguti, dem stummelschwänzigen Nagetier der Inseln, und Bergen von Melassebonbons mit gemahlenen Nüssen verwöhnen.

Prudence servierte den koffeinfreien Mokka und zog sich in die Küche zurück. Victoria wartete noch einen Moment und sagte dann: »Otis, du hast mich ohne mein Einverständnis zu einer Reise verpflichtet.« Sie nahm ihre Tasse und rauschte durch die Glastüren in den prachtvollen Salon.

Nach dem Tod von Otis sen. hatten sie ihre beengte Eigentumswohnung aufgegeben und waren in das Chatsworth gezogen, das Heim der beiden vorhergehenden Generationen der Familie Phillips. Aber zuerst hatte Victoria die alten Tapeten, die düsteren Farbanstriche, die schweren Damastvorhänge und die Spitzengardinen entfernt. Sie hatte die Küche und die Bäder herausreißen, neue Leitungen legen und neue Installationen anbringen lassen. Die besten Stücke hatte sie behalten – Queen-Anne-Stühle, ein englisches Sideboard im Landhaus-Stil und hundert Teile Minton-Porzellan – und mit einer eklektischen Mischung aus Roche-Bobois-Leder, asiatischen Antiquitäten, Metall- und Plastikkreationen vielversprechender Kunststudenten sowie den großen Perserteppichen, die zu der Wohnung gehörten, ergänzt und so einen prächtigen, funkelnden und geschmackvollen Salon geschaffen. Sie nahm auf einem Hoffmann-Stuhl Platz und sah Otis an.

»Du hältst dich nicht an deinen Teil der Abmachung«, sagte sie.

»Nimm doch Vernunft an, Victoria. Ein dreitägiger Trip nach Hongkong, um die Bank zu vertreten. Wie konnte ich da nein sagen?«

»Vielleicht solltest lieber du Vernunft annehmen. Du brauchst meine Einwilligung, selbst wenn ich nur mit dir in den Club gehen soll.«

»Schau«, sagte er. »Hongkong. Nur du und ich. Wir könnten es noch einmal miteinander versuchen; gib mir eine Chance.«

»Ich bin kein Spielautomat, ich kann dir nicht ewig eine Chance geben. Sobald du dich meiner sicher fühlst, geht es wieder los. Du vögelst meine Freundinnen, die Sekretärinnen deiner Freunde, die Kassiererin von der Waschstraße und so weiter. Ich begreife nicht, wieso – so toll bist du nun auch wieder nicht.«

Otis zuckte zusammen. »Vielen Dank.« Dann versuchte er es mit sachlichen Argumenten. »Eine

Reise nach Hongkong kann doch keine solche Zumutung sein. Du könntest Antiquitäten kaufen, Sachen für die Galerie, die du aufmachen willst. Was soll also das ganze Theater?«

»Ich will, daß du dich an unsere Abmachung hältst, bis der Nachlaß deines Vaters geregelt ist. Und bei dem Vermögen des Seniors kann das Jahre dauern.« Sie zitierte: »Du bist der einzige Begünstigte des Reinnachlasses, vorausgesetzt, du bist zum Zeitpunkt der endgültigen Regelung verheiratet. Offenbar kannte der Senior dich und deine Affären«, fügte sie anzüglich hinzu. »Bis dahin führe ich dir das Haus, erhalte den Schein der Normalität aufrecht. Und ich blamiere dich nicht, indem ich mit allen möglichen Männern bumse. Das letzte Mal habe ich zu Weihnachten mit einem Mann geschlafen, und das warst du. Ich werde nichts tun, was deine Ansprüche auf das Treuhandvermögen gefährden könnte. Aber ich bestehe darauf, daß du unsere Abmachung einhältst.«

Otis war die Verärgerung deutlich anzusehen. »Du bist in dieser Angelegenheit auch nicht gerade ein unbeteiligter Beobachter.«

»Stimmt«, sagte Victoria. »Ich möchte ein Antiquitätengeschäft eröffnen. Um unabhängig zu sein. Gönnst du mir das etwa nicht?«

»Laß mich mal auf den Punkt kommen«, sagte Otis. »Erstens. Es ist unabdingbar, daß wir beide miteinander nach Hongkong fahren. Wenn nicht, riecht der alte Pemberton den Braten. Und wie ich seine Margaret kenne, ruft sie sofort Dads Anwälte an und teilt ihnen mit, daß bei Otis und der schönen Victoria nicht alles ganz koscher ist. Zweitens. Ich möchte unbedingt, daß wir diese Tage gemeinsam verbringen, um festzustellen, was wir tatsächlich füreinander empfinden.«

Er stand auf und zog sie sanft auf die Beine. Er legte die Arme um ihre Taille, traute sich aber nicht, sie an sich zu ziehen. Sie legte den Kopf an seine Brust. So standen sie still da, ohne die Lücke zwischen sich zu schließen.

## VI

Als die Gäste des Sekitei, eines *ryokan* oder landestypischen japanischen Hotels, herunterkamen, um sich in dem aus Thermalquellen gespeisten Badebecken des Hauses zu entspannen, standen sie vor einem Schild mit der Mitteilung, das *onzen* sei vorübergehend geschlossen. Da die Gäste Japaner waren, nahmen sie diese Tatsache ruhig auf; sie sahen keine Veranlassung, die Rezeption anzurufen und sich lautstark zu beschweren; sie versuchten nicht, sich gewaltsam Zutritt zu verschaffen, um sich davon zu überzeugen, daß das Thermalbecken tatsächlich geschlossen war; und sie schimpften auch nicht untereinander über das Management. Statt dessen würden sie eben, alle im gleichen *yukata*, dem vom Haus bereitgelegten Baumwollkimono, zwischen den alten Steinlaternen herumschlendern, vielleicht die Morgenzeitungen lesen oder sich in ihren mit *tatami* ausgelegten Räumen massieren lassen. Sie wußten, das Bad würde später wieder geöffnet.

Tatsächlich wurde der aus schwarzem Basalt errichtete Baderaum, mit Fächer- und Sagopalmen zwischen den Natursteinen und dem Wasserfall am einen Ende, benutzt. Durch eine ganz aus Glas bestehende Wand genossen die Badenden das Panorama der Sagami-Bucht, deren Wellen plätschernd ans Ufer des Kurorts Atami schlagen. Trotz der Ästhetik der Badelandschaft sahen die rund zehn Badenden, die sich im Becken aufhielten, eher wie im Wasser liegende Nilpferde aus. Denn diese Badegäste waren Gefolgsleute der Morita Gumi, eines Syndikats; genauer gesagt Yakuzas, Gangster üblichen Zuschnitts, die an die Tradition der Samurai des alten Japans anknüpften. Die Männer, zumeist stämmige Schlägertypen, blieben bis zum Kinn im Wasser, um hin und wieder mit dem Kopf unterzutauchen und beim Emporkommen Wasser durch die Nase zu prusten.

Sie genossen ein Gratis-Wochenende auf Kosten der Gumi, ein Bonus für erwiesene Dienste. In den zurückliegenden Wochen hatten sie den Schutz eines Politikers vom rechten Flügel übernommen, der für das Parlament kandidierte. Die Vergangenheit des Mannes strotzte in einem Maße vor Bestechlichkeit, Schmiergeldzahlungen und Immobilienskandalen, daß er bei seinen Auftritten durch Zwischenrufe engstirniger Sozialisten gestört worden war. Die Yakuzas, die ihren vorübergehenden Status als Sicherheitsbeamte sehr ernst nahmen, hatten die Störer auf den Parkplatz verfolgt und ihnen eine gehörige Tracht Prügel verpaßt, bei der Brillen und Nasen zu Bruch gingen.

Des weiteren waren sie von einer Bauträgergesellschaft angeheuert worden, um die Räumung eines

Wohnhauses zu beschleunigen, dessen Grundstück die Gesellschaft erworben hatte, um darauf ein Bürohochhaus zu errichten. Folglich hatten die Badenden erst letzte Woche eine Familie, deren Mietzeit noch nicht abgelaufen war, mit der Drohung terrorisiert, einer nach dem anderen ihre fettleibige und geistig zurückgebliebene Tochter zu vergewaltigen. Die verschreckten Mieter zogen noch in derselben Nacht unter Zurücklassung fast ihrer gesamten Habe aus. Am nächsten Morgen rissen die von den ungeduldigen Bauträgern bestellten Bulldozer das Haus ab.

Außerdem hatten sie die japanische Einwanderungsbehörde zum Narren gehalten, indem sie vierzehn Filipinas ins Land brachten, die als College-Softballmannschaft angezogen und ausgerüstet waren; inzwischen hatten die Damen aus Luzon ihre Trainingsjacken längst mit durchsichtigen Teddies vertauscht und sich dem Kreis der Prostituierten und Pornoschauspielerinnen angeschlossen, die für die Gumi arbeiteten.

Die Yakuzas hatten das Management des Hotels gebeten, ihnen für einige Stunden das ganze Bad zu überlassen; eine Bitte, die gerne erfüllt wurde. Das Becken war ein idealer Ort, um sich von ausgiebigen Sauftouren und Zechgelagen zu erholen und vor allem, um von Gonda Ichiro-san, ihrem direkten Vorgesetzten, genaue Instruktionen bezüglich eines neuen und anscheinend komplizierten Auftrags zu erhalten.

Gonda erschien pünktlich, begleitet von einem Mann, den die Gruppe nicht kannte. Gonda war Anfang fünfzig, schwer gebaut, aber muskulös, mit einer tätowierten *Boa constrictor* auf dem Rücken, die sich in voller Länge um beide Arme schlängelte, so daß der züngelnde Kopf am rechten Handgelenk endete und der Schwanz am linken. Beim Gehen stützte er sich auf einen Bambusstock, den er mit der rechten Hand umklammerte; die linke hielt, wie es der Anstand im Badehaus gebietet, einen kleinen Waschlappen, der seine Genitalien bedeckte. Der Mann neben ihm, schmächtig, mit eingefallenem Brustkorb und Brille, wahrte gleichermaßen das Dekorum. Die Männer im Wasser erhoben sich respektvoll, so daß die unglaublichsten Tätowierungen – Chrysanthemen, Adler, Tiger, Geishas, Fächer und chinesische Kalligraphie – auf ihren Rücken und Armen sichtbar wurden. Sie verneigten sich wie auf Kommando. Gonda-san quittierte die Höflichkeitsbezeugung mit einer knappen Verbeugung und stieg dann mit seinem Begleiter ins Wasser.

Gonda bedeutete den Männern näherzukommen. »Die Organisation schickt fünf von euch nach Hongkong«, begann er. »Für den Namen der Aktion haben wir auf unsere Überlieferung zurückgegriffen: ›Operation Dachs‹.« Er erläuterte: »Die Ratte bestiehlt die Maus; der Fuchs bestiehlt die Ratte; und der Dachs erleichtert den Fuchs um seine Beute.« Die Männer grunzten verständnisvoll. »Die

Kommunisten haben den Tempelpriestern Antiquitäten gestohlen; eine Bande aus Hongkong hat sie den Kommunisten gestohlen; und nun werden wir sie der Bande aus Hongkong abnehmen.«

Gonda sah keine Veranlassung, den Männern seine Informationsquelle mitzuteilen. Vor nicht allzu langer Zeit, anläßlich eines offiziellen Besuchs einer chinesischen Kulturdelegation aus der Volksrepublik, war es der Gumi gelungen, einen Beamten des Ministeriums für Altertümer zu kompromittieren. Man hatte ihn in seinem Hotel aufgesucht und ihm einen Vorschlag unterbreitet, diesen mit einer Einzahlung auf ein Hongkonger Konto zementiert und dann einen Pornostar auf sein Zimmer geschickt, der den ziemlich puritanischen Herrn in einer Nacht voller Ausschweifungen um den Verstand brachte und bei ihm Fieberträume zurückließ, die der Beamte nun wieder und wieder durchleben konnte. Von da an hatte Herr Kwok der Gumi jeden Diebstahl gemeldet und ihr eine Liste der gestohlenen Gegenstände zukommen lassen. Die Morita Gumi hatte wichtige Käufer in Tokio, New York und Frankfurt, und so hatte sie beschlossen, den Eindringlingen das Handwerk zu legen. Da alle in China gestohlenen Handelsgüter zunächst nach Hongkong gingen, sollte die Handelsgesellschaft Minato Boeki Kaisha, die Tarnorganisation der Gumi in der Kronkolonie, sie ausfindig machen.

Gonda-san wies auf den moralischen Aspekt der »Operation Dachs« hin. »Wir betrachten es als ausgleichende Gerechtigkeit«, erläuterte er. Die Männer verstanden durchaus, daß nur der Gerechtigkeit Genüge getan wurde. In ihrer Funktion als Prätorianergarde rechtsextremer Politiker hatten sie Kommunisten, Sozialisten und all diejenigen hassen gelernt, die den japanischen Kaiserhof abschaffen wollten; Abschaum, den man in besseren Zeiten mit dem Schwert ins Jenseits befördert hätte.

Gonda war jedoch noch nicht fertig. »Ich möchte euch Hada-san vorstellen«, sagte er unter Hinweis auf den dünnen Mann, dessen Brille sich beschlagen hatte. Hada verneigte sich seinerseits und murmelte eine Höflichkeitsfloskel. Die Männer taten es ihm nach.

»Hada-san ist ein bekannter Kunstexperte. Er wird die Ware taxieren. Er arbeitet mit uns zusammen, da er Verbindung mit der Morita Gumi aufgenommen hat.«

Die Männer verstanden sofort, daß der arme Hada sich vom Syndikat Geld geliehen hatte und nun, weil er mit den Zahlungen im Verzug oder im Rückstand war, in die »Operation Dachs« verwickelt werden sollte. Ihre Verachtung für ihn kannte keine Grenzen.

»Die Leitung übertrage ich Taira Kun. Ihr werdet ihm Rechenschaft ablegen und er mir. Alles weitere erfahrt ihr in Tokio. Danke und amüsiert euch gut.«

Taira, ein untersetzter Mann aus Okinawa, hievte sich aus dem Becken, holte Gonda-sans Stock und geleitete ihn und Hada unter Verbeugungen aus dem Badehaus.

Sie würden sich Gonda-sans Aufforderung, sich gut zu amüsieren, bestimmt zu Herzen nehmen. Im Japanischen bedeutete die Redewendung *Bitte spielt gut*, was der Wahrheit vermutlich näher kam. Am Abend würden sie die zahlreichen Bars von Atami besuchen, mit den Hostessen scherzen und flirten, in ein Fischrestaurant gehen und dann vermutlich in einem Foto-Club landen. Dort konnten sie über die Touristen lachen, meist *sararimen*, »salary men« von Handelshäusern, die mit am Eingang ausgeliehenen Kameras die Schamlippen der »Fotomodelle« fotografierten, die das Management eigens für *photographie-vérité*-Zwecke engagiert hatte.

Am Morgen würden sie den Expreßzug zurück nach Tokio nehmen. Sie würden im Speisewagen frühstücken, zusammen mit Geschäftsleuten und deren Sekretärinnen, die ebenfalls ein verjüngendes und erholsames Wochenende in dem Kurort verbracht hatten.

## VII

Hung Hom ist, wie man so schön sagt, nicht gerade das West End von Hongkong. Obwohl auf der Halbinsel Kowloon gelegen, hat es doch nichts mit der Nathan Road, dem Ocean Terminal oder der Salisbury Road gemein, wo die Touristen sich wilden Einkaufsorgien hingeben. Hung Hom zeichnet sich aus durch seine heruntergekommenen Kais und den angrenzenden Bahnhof, von dem aus man in einem stromlinienförmigen Aluminiumzug durch die New Territories zum Grenzort Lo Wu sausen oder in den konservativeren Wagen der Chinesischen Staatseisenbahn nach Kanton weiterfahren kann. Zwischen den Kais und dem Bahnhof liegt eine unbebaute Fläche, zu armselig, um als Platz tituliert zu werden, an deren Peripherie sich dicht an dicht kleine Straßenlokale befinden. Rührige Gastwirte haben hier ihre Propangasherde, Klapptische und wackeligen Hocker aufgestellt. Unter den schäbigen Markisen wird den ganzen Tag gegessen: nahrhafte Nudelsuppen mit gelatinehaltigen Sehnen oder Schweine- und Rinderinnereien; in schwimmendem Fett ausgebackene Krapfen und Schüsseln voller Hühner- und Entenfüße. Die Gäste, hauptsächlich

Männer aus der Arbeiterklasse, lassen es sich schmecken, lutschen, schlürfen, spucken, trinken Tee und rauchen unzählige Marlboro-Zigaretten.

Hinter diesem gastronomischen Ghetto erweitert sich das Viertel rasch zu Werkstätten, Lagerhäusern und vielstöckigen Mietskasernen, die für Hongkong so typisch sind. Aus ihren Fenstern und Balkonen ragen mit Wäsche behängte Bambusstangen. Flatternde Hemden, Hosen, Unterröcke, Handtücher und Leibwäsche wirken wie Fahnen, von den Bewohnern aus Freude darüber gehißt, daß wieder ein Tag voller Schinderei überstanden ist.

In einer dieser Wohnungen wurde Eddie Lim vom Summen des Handy unter dem Kopfkissen geweckt. Er tastete nach dem Gerät, lauschte, grunzte zufrieden und schaltete das Telefon aus. Er streckte sich und ließ den Blick über die opulente Ausstattung seines Schlafzimmers gleiten: die italienische Lackkommode, den Sony-Fernseher mit dem 82-cm-Bildschirm, den aufwendigen Hi-Fi-Turm und die Bose-Lautsprecher. Über dem Kopfbrett hing ein tantrisches Gemälde, das von dem großen facettierten Spiegel gegenüber von seinem Bett zurückgeworfen wurde. Es zeigte einen Nabob beim Kopulieren mit einer enthaupteten Huri, während daneben ausgemergelte Hunde ihren blutigen Kopf ableckten. Eddie Lim war nicht sicher, was das Bild aussagen sollte – er hatte es bei einem Inder in der Wyndham Street gekauft –, aber er schätzte es wegen seiner Schockwirkung.

Auf dem Kopfbrett, unter dem tantrischen Gemälde, stand eine naive Keramik der Madonna mit dem Jesuskind. Mutter und Kind hatten chinesische Gesichtszüge; sie hätte die Göttin der Barmherzigkeit, Guanyin, sein können, wäre da nicht der vergoldete Heiligenschein gewesen, der den Kopf der Figur wie eine Haube umgab. Natürlich war das ein ganz besonderes Geschenk von Schwester Rafael, seiner *mae,* gewesen. Sie hatte ihm auch ein kleines Kruzifix auf einem Marmorsockel geschenkt. Eddie hatte es sofort weggepackt, weil er sich durch den Mann, der angeblich der Sohn Gottes war, beleidigt fühlte, dessen Rippen herausstanden, der sich deutlich sichtbare Nägel in Hände und Füße hatte schlagen lassen und dessen Seite mit schwarzem Blut verkrustet war. Obwohl Eddie dem Namen nach katholisch war, fühlte er sich bei buddhistischen, taoistischen und konfuzianischen Gottheiten weitaus wohler, da sie alle so heiter und beleibt waren und innere Ruhe, Zufriedenheit oder, noch besser, Wohlstand widerspiegelten.

Erst jetzt bemerkte er die schlanke Gestalt neben sich unter dem Laken. Er hatte sie in einer Seitenstraße der Connaught Road Central in einem McDonald's aufgegabelt; hatte ihr den Big Mac, die Pommes frites und den Kaffee bezahlt. Sie war keinen Tag älter als sechzehn und hatte ihm zu mehreren heftigen Orgasmen verholfen, die in seinem Gehirn riesige Blasen platzen ließen. Er spürte ein leichtes Brennen, schaute hinunter auf seinen *yeuhng geu* und sah den rosa Riß unterhalb der Eichel.

Er verließ das Bett, eilte unter die Dusche und schrubbte seinen mageren, sehnigen Körper wie zwanghaft mit einem japanischen Rubbelhandschuh ab. Er seifte sein langes, rabenschwarzes Haar mit einem Schweizer Malzshampoo ein und wandte sich, nachdem er es gefönt hatte, seiner Kollektion importierter Lotionen und Sälbchen zu, die wie Soldaten auf indirekt beleuchteten Glasregalen standen. Sämtliche neuen Pflegeserien von Ralph Lauren, Cartier, Cacharel, Bijan, Boucheron, Van Cleef and Arpels waren ebenso vertreten wie die altbekannten Produkte von Acqua di Selva, Penhaligon, 4711 und Aramis. Das einzige asiatische Erzeugnis war ein großer Tigel Ylang-Ylang, eine giftgrüne Pomade, die er bei seinen Reisen nach Manila kaufte. Diese kämmte er sich nun ins Haar, bis es wie gelackt aussah. Er schlüpfte in einen modisch weiten, schwarzen Leinenanzug von Armani und ging wieder ins Schlafzimmer.

Das junge Mädchen hatte das Laken weggestrampelt und sah ihn frech an. Sie strich sich mit den Händen über die noch unentwickelten Brüste, und die dunklen Brustwarzen richteten sich auf wie das Radiergummi-Ende eines Bleistiftes. Da ihr Gastgeber keinerlei Reaktion zeigte, ließ sie Zeigefinger und Mittelfinger langsam in Richtung ihres elfenbeinfarbenen Bauches wandern. Sie begann, mit der Stimme einer Zehnjährigen ein Kinderlied zu singen, das ihre Mutter aus einem abgelegenen Dorf im Süden mitgebracht hatte.

*Siu huhng siu huhng*
*La leui lahng janh mat tong*
*Joi syu seuhng dik syu ji*

Kleiner Bär, kleiner Bär,
Wo findet man den Honig?
In der Astgabel des Baumes!

Sein offenkundiges Desinteresse veranlaßte sie, mit den Fingern weiterzuwandern, bis diese schließlich auf ihrem unbehaarten Venushügel zu ruhen kamen. Dort führten sie einige zögernde Schritte aus und begannen dann mit dem Hexentanz.

Normalerweise hätte Eddie Lim auf das bewußt aufreizende Gehabe reagiert, doch er war ausgelaugt und wütend auf sich deswegen. Er hob ihr Plastikhandtäschchen auf, stopfte eine Handvoll Geld hinein und verließ das Zimmer. Im Flur führte er einen flotten Twostep aus, winkelte den rechten Ellbogen an und ließ ihn dann nach vorn schnellen, wie um mit der geballten Faust die Wohnungstür zu zertrümmern. Im letzten Moment brach er die Bewegung ab und ging hinaus. Er machte sich keine Sorgen wegen des Mädchens, das er in der Wohnung voll so vieler verführerischer Dinge zurückgelassen hatte. Sie würde nichts stehlen. Sie wußte, daß seine Leute sie finden würden, falls sie etwas mitgehen ließ. Sie wußte, daß sie, falls sie Glück hatte, windelweich geprügelt würde, und daß man ihr, falls sie Pech hatte, mit einer Rasierklinge die Oberlippe aufschlitzen würde, um sie für den Rest ihres Lebens wie ein aufgeschrecktes Kaninchen herumlaufen zu lassen.

Als Eddie die drei Treppen hinuntereilte, stürmte der Geruch von Knoblauch und Urin auf ihn ein, das Weinen von Kleinkindern, das Plärren von Radios, die alles mögliche spielten, von chinesischer Oper über kitschige Balladen bis hin zu Heavy Metal. Auf dem ersten Treppenabsatz sprang eine riesige Ratte an ihm vorbei, die von einer räudigen Katze verfolgt wurde. Nichts von alledem störte Eddie Lim. Selbst ein Kind der Armut, akzeptierte er es, daß die meisten Menschen so lebten. Das Ganze schien ihm kein zu hoher Preis zu sein für die Anonymität, die ihm das Viertel bot.

Vor dem Haus wartete sein Chauffeur neben dem Lieferwagen mit der Aufschrift WÄSCHE-SERVICE GROSSES GLÜCK. Wohng Wai Joi war ein Nachkomme der Hakka, eines Volkes, das ursprünglich aus dem Norden kam; ungemein strebsame Menschen, die ihre Sprache und ihre Gebräuche in die Diaspora der Überseechinesen mitnahmen und sich von Singapur bis Jamaica ansiedelten. Aus Achtung vor ihrer nomadischen Wesensart bedeutet *hakka* in modernem Chinesisch *Die zu Besuch kommen.* In Hongkong sah man ihre tätowierten Frauen mit den großen Strohhüten – Wai Jois Mutter eingeschlossen – in der Hafengegend und in den New

Territories. Wai Joi war ein Mann von großer Kraft und Gewitztheit, der ein weitgespanntes Netz von Freunden unter den Bootsbewohnern, Dockarbeitern, Hotelangestellten, Kellnern, Polizisten, Glücksspielern und Prostituierten pflegte.

Eddie stieg auf der Beifahrerseite in den Lieferwagen, nahm die bereits angezündete Zigarette entgegen und sagte, er wolle in Mukerjees Laden in der Queen's Road Central. Der Inder war mit der Bezahlung einer Lieferung burmesischer Jade im Verzug. Nichts von Bedeutung. Man würde die Angelegenheit gütlich bei einigen Tassen *chai* regeln, dem indischen Tee, der mit Milch, Zucker und Kardamom gekocht wird. Falls es Schwierigkeiten gab, würde Eddie zur Sicherheit einfach einige der ausgesprochen schönen Stücke aus Mukerjees Schaufenster mitnehmen.

Während sie im Tunnel, der Kowloon mit Hongkong verbindet, im Stau standen, schilderte Eddie seinem Chauffeur alle Einzelheiten seiner Liebesnacht mit dem jungen Mädchen. Wie sie ihn mit einem Mundvoll heißem Tee befriedigt hatte; was für unglaubliche Dinge sie mit ihren Muskeln anstellte; und er sagte seinem Vertrauten zum Schluß sogar den Kinderreim auf.

»Aber heute morgen«, bekannte er, »war ich so wenig zu gebrauchen wie ein kaiserlicher Eunuch.«

»Dann müssen wir ein schwarzes Huhn kaufen«, sagte der Chauffeur. Eddie wußte, daß schwarzes Huhn, dessen Haut und Knochen tatsächlich durch und durch schwarz sind, als wirksames Stärkungsmittel gilt. Dazu muß man es mit Frühlingszwiebeln, Ingwer, koreanischem Ginseng und *gou-leuhng*-Wein simmern lassen. Als Tonikum, das Frauen im Kindbett zu sich nehmen, ist es bei allen Fällen von Schwäche angesagt.

Als könnte er Gedanken lesen, fügte Wai Joi hinzu: »Die Brühe wird dich wiederherstellen. Wenn nicht, gibt es ja noch Schlange. Vipernblut und Viperngalle werden dein Jadeschwert wieder zum Leben erwecken.«

Endlich spuckte der Tunnel den Lieferwagen aus. Er fädelte sich in den wahnsinnigen Verkehr von Wanchai ein, fuhr die Gloucester Road hinunter, am Polizeipräsidium vorbei und weiter Richtung Central District.

## VIII

Victoria Phillips lag in der Badewanne, deren Jacuzzi-Düsen duftenden Schaum um sie herum erzeugten. Das Ungewöhnliche war nur, daß die Wanne auf gleicher Höhe mit dem Fenster des Badezimmers angebracht war und freien Blick auf die Postkartenansicht des Hongkonger Hafens bot.

Für das Ehepaar Phillips war ein Zimmer im Regent reserviert worden, einem roten Hotelkoloß, der in der Antike dem Lucullus als Tempel geweiht worden wäre; ein Monument luxuriösen Wohllebens mit seinen tausend oder mehr Essen und Trinken servierenden Angestellten, Zimmermädchen, Pagen, Bademeistern, Masseusen, Gepäckträgern, Köchen, Bäckern, Konditoren und Sekretärinnen. Die sechshundert Zimmer und Suiten, die zahlreichen Restaurants, die unzähligen Boutiquen, die Swimmingpools, Dampfbäder, Fitness-Studios und die dem Publikumsverkehr zugänglichen Räumlichkeiten waren auf der Spitze von Tsim Sha Tsui errichtet worden. So beanspruchte das Hotel in der Tat das ganze Panorama der Bucht für sich. Das vornehme Peninsula, die große alte Dame der Hongkonger Hotels, auf der gegenüberliegenden Seite der Salisbury Road, stand somit leider im Schatten des Regent.

Die verschwenderische Pracht des Regent fand großen Anklang bei Leuten aus dem Showgeschäft und den Medien, bei Neureichen, Politikern, Schauspielern und Journalisten aus Beverly Hills, Berlin, Bangkok und Brüssel. Sie und ihre Frauen und Freundinnen suchten die zahlreichen Schneider und Juweliere im Hotel auf, um sich Hemden und Anzüge, Schuhe, Kostüme, Kleider und Schmuck nach Maß anfertigen zu lassen. Natürlich wußten sie nicht, daß das meiste davon nachts über die Grenze in die Wirtschaftssonderzone Shenzhen ging, um dort von unterbezahlten Handwerkern der Volksrepublik geheftet, genäht, gehämmert, gesäumt und geklebt zu werden. Diese Art Luxus war nichts für das Ehepaar Phillips.

Otis und Victoria waren typische konservativ geprägte Amerikaner aus der Oberschicht. Sie verbrachten ihre Sommer auf Long Island, wo sie in T-Shirts und abgeschnittenen Khakihosen Football-mit-Abklatschen spielten. Sie gehörten Strandclubs an, deren Liegestühle und Möbel seit der Regierungszeit Franklin Delano Roosevelts nicht mehr erneuert worden waren. Wenn sie verreisten, stiegen sie bei Freunden ab. Sie fuhren keine protzigen Autos; die Männer trugen weder einen Ring am kleinen Finger noch farblosen Nagellack; die Frauen lagen nicht am Pool in der Sonne, das Handy in

Reichweite. Sie aßen keine fremdländischen Speisen; ihr Kontakt mit Farbigen beschränkte sich weitgehend darauf, im Fernsehen die Spiele der New York Knicks anzuschauen. Ihre Reisen nach Europa und in die Karibik fanden im Kreise von ihresgleichen statt und waren ziemlich sterile Angelegenheiten.

Im Regent belächelte das Ehepaar Phillips die unglaubliche Opulenz, die übereifrige Zuvorkommenheit des Hotelpersonals. Die beiden waren spät nachts angekommen und von einem Daimler des Hotels am Flughafen Kai Tak abgeholt worden. Sie hatten in der Mezzanine Lounge noch etwas getrunken und waren dann nach oben gegangen. Während Victoria auspackte, schlief Otis mit den maschinengeschriebenen Karteikarten seiner Rede auf der Brust ein. Victoria hatte weder gegen seine Müdigkeit noch gegen den Whisky ankommen können, den er auf dem Flug über den Pazifik getrunken hatte. Am Morgen hatten sie gemeinsam gefrühstückt: Orangensaft, schwarzen Kaffee und Toast – genau wie zu Hause. Otis hatte wieder und wieder seine Rede vor dem Badezimmerspiegel geprobt. Den ersten Satz »Die meisten Banken ziehen es heute vor, Ländern der Dritten Welt ihre Schulden zu erlassen ...«, hatte sie bis zum Überdruß gehört. Dann war Otis, ganz mit seinem bevorstehenden Triumph beschäftigt, in den Kongreßsaal hinuntergegangen.

Als Victoria nun im parfümierten Wasser lag,

ohne sich der Hongkonger Skyline auf der anderen Seite der Bucht richtig bewußt zu sein, fühlte sie Traurigkeit und Zorn in sich aufsteigen. Sie fand, daß sie trotz der späten Ankunftszeit noch ein Stündchen hätten ausgehen können. Auf der Fahrt durch Kowloon hatten sie das pulsierende Leben auf den Straßen, die lockenden Neonlichter gesehen. Sie hätten sich unter die Menge mischen können, in einer exotischen Bar etwas trinken, irgendwo eine Kleinigkeit essen, die pralle Vulgarität der Nathan Road genießen können. Später hätten sie sich in ihrem dunklen Zimmer, vor der einmaligen Kulisse Hongkongs, seinen bunten und blitzenden Neonlichtern, lieben können. Es hätte wunderschön sein können; der Alkohol, die Anonymität eines Hotelzimmers, die chinesische Musik im Radio hätten ihr Lustgefühl wie durch Pfauenfederhiebe steigern können. Doch Otis hatte sie wieder einmal enttäuscht.

Victoria trank eine weitere Tasse Kaffee im Bett, studierte ihren Gault-Millau-Reiseführer und fuhr mit dem Finger den Weg vom Regent zum Star Ferry Pier nach und von der Star Ferry auf der Hongkonger Seite ins Zentrum. Dann setzte sie sich an den Frisiertisch, trug einen Hauch Rouge auf, einen hellen Lippenstift und bürstete ihr Haar, bis es golden funkelte. Als sie aufstand, sah sie im Spiegel den rotgoldenen Busch ihres Schamdreiecks. Mit leiser Wehmut griff Victoria nach ihrem Schildpattkamm und kämmte liebevoll das Moos, das ihren Venushügel so üppig bedeckte. Früher einmal war es Otis' liebster Zeitvertreib gewesen zuzusehen, wie die vom Kamm erzeugte Elektrizität die Haare zu Berg stehen ließ. Von der Bewegung des Kammes wie hypnotisiert und sich einer wachsenden Begierde bewußt, brach sie den Zauber abrupt. Sie zog Strumpfhosen, ein zweiteiliges Leinenkleid und die dazu passenden Ferragamo-Schuhe an, schnappte ihre Handtasche und war zur Tür hinaus.

Auf dem Erste-Klasse-Deck der Star Ferry besserte sich ihre Stimmung. Wie sollte es auch anders sein? Die preisgünstige Fahrt mit der Fähre durch die Bucht ist der billigste und schönste Ausflug auf der Welt. Jede Überfahrt, und wenn man sie noch so oft unternimmt, erfreut die Sinne, macht den Schritt entschlossener. Victoria wartete, bis die Gangway herabgelassen wurde.

Sie folgte der Menge durch den Tunnel ins Freie, passierte den Parkplatz und stand auf dem Statue Square, einer grünen Insel mit Bänken, eingeklemmt zwischen Bürohochhäusern und prächtigen Bauten aus der Kolonialzeit. Das Bemerkenswerteste an dem Platz waren jedoch die aberhundert Filipinas, die grüppchenweise beisammen saßen, einander frisierten oder manikürten und sich dabei auf Tagalog, Ilocano oder Visayan unterhielten. Victoria konnte nicht wissen, daß es sich um heimwehkranke Hausangestellte handelte, die ihren freien Tag hatten, oder um Mädchen, die Arbeit suchten, am liebsten bei Europäern oder Amerikanern, alles, um dem schweren Los einer Anstellung bei einer chinesischen Familie zu entgehen. Und so trafen sie sich hier mit Mädchen aus ihren Heimatdörfern oder Stadtvierteln, um über die schwere Arbeit und die jungen Männer zu schwatzen, die sie zurückgelassen hatten, und darüber, wie sie eines Tages nach Hause zurückkehren würden, um sich um bejahrte Eltern und Kinder zu kümmern, die bei Verwandten geblieben waren.

Aber Victoria war schon von der Chater Road nach rechts abgebogen, hatte das elegante Mandarin Hotel passiert und die Des Voeux Road erreicht. Sie sah sich die Schaufensterauslagen an, schlenderte durch die riesigen Zwischengeschosse prächtiger Firmenhochhäuser und war bestürzt über die protzige Zurschaustellung französischer, italienischer, deutscher, spanischer und japanischer Edelmarken. Die Geschäfte waren exquisit und die Preise dementsprechend. Victoria fragte sich, wer das alles kaufte. Die Japaner? Wie sie gehört hatte, bestand der Spaß darin, perfekte Imitationen zu kaufen, die überall in der Kolonie in Kellergeschossen und kleinen Klitschen hergestellt wurden.

Beim Verlassen eines der großen Warenhäuser fand sie sich auf der Queen's Road wieder, wo sie vom dichten Strom der Passanten weitergeschubst wurde. Junge leitende Angestellte, das Telefon ans Ohr gepreßt, Sekretärinnen oder Verkäuferinnen, unglaublich chic frisiert und gekleidet und in

Victorias Augen überraschend schön, kamen ihr in Viererreihen entgegen. Sie gingen sehr zielstrebig, anders als die ältere Generation, die blaue Baumwolle trug, sich mit Plastiktüten abschleppte und in dem hektischen Verkehr ganz verloren wirkte.

Victoria ging weiter und sah sich plötzlich von der modernen Metropole ins ländliche China versetzt. Männer mit zusammengebundenen gackernden Hühnern und Enten trabten in das gedrungene graue Gebäude zu ihrer Rechten. Andere kamen mit Plastiksäcken voll Fleisch und Fisch heraus. Hinter Victoria hatte sich eine Phalanx älterer Frauen versammelt, von der sie plötzlich umringt war und in die Markthalle hineingeschoben wurde. Als sich ihre Augen an das düstere Licht der höhlenartigen Halle gewöhnt hatten, verwandelte sich ihre Neugier in Abscheu und schließlich in lähmendes Entsetzen.

Überall große, blutige Fleischbrocken; nur mit Shorts bekleidete Männer, die Berge von Eingeweiden trugen; vor ihr ein Kerl mit rasiertem Schädel, der einen Darm über einen Wasserhahn stülpte und den Kot in eine Abflußrinne spülte. Und überall Blut, blutiges Wasser, das um ihre Füße schwappte, ihre Schuhe beschmutzte. Sie sah sich nach einem Ausgang um, sah nur eine Pyramide schneeweißer geschlachteter und rasierter Schweine. Als zwei Männer das oberste herunternahmen, sah das Tier sie mit hellblauen Augen an, und aus seinem Rüssel floß ein Rinnsaal von Blut. Victoria reagierte, wie jede Frau reagiert hätte. Sie begann immer schneller zu atmen und stieß dann mehrere durchdringende Schreie aus. Woraufhin der Betrieb auf dem Markt zum Erliegen kam, da Verkäufer, Schlachter, Standbesitzer und Käufer mehr oder weniger überrascht, bestürzt oder mitfühlend die verrückte Weiße anstarrten, die hier einem privaten Kummer freien Lauf ließ.

Eddie Lim legte die schwarzen Hühner weg, die er prüfend betrachtet hatte, und eilte an die Seite der Frau. Er erkannte, daß es sich um einen hysterischen Anfall handelte und war versucht, der Frau mit der flachen Hand ins Gesicht zu schlagen. Das hatte er in amerikanischen Filmen gesehen, wo es immer die beabsichtigte Wirkung erzielte. Er nahm davon Abstand, da er, falls man die Polizei rief, befürchten mußte, seine hilfreichen Bemühungen würden falsch ausgelegt. Statt dessen packte er sie genau dort am Ellbogen, wo Elle und Oberarmknochen aufeinandertreffen, und drückte so fest zu, daß ihr der Schmerz ins Gehirn schoß. Sie brach mitten im Schrei ab und sackte zusammen. Eddie Lim legte rasch den Arm um sie und führte sie aus der Markthalle. Die Umstehenden lächelten beifällig darüber, wie gut Eddie die Situation gemeistert hatte.

Draußen auf der Straße wartete der Lieferwagen der Wäscherei. Wai Joi erfaßte die Lage sofort, öffnete die Hecktüren, und bevor sich Victoria sträuben konnte, hatten die Männer sie schon auf einen Berg Wäsche gehievt. Eddie stieg zu, und dann fädelte sich der Lieferwagen langsam in den Verkehr ein.

Victoria befühlte ihren Ellbogen. »Sie haben mir weh getan«, sagte sie.

»Die Hauptsache war, Sie da rauszuholen«, erwiderte Eddie. »Tut mir leid wegen der Schmerzen.«

Victoria bemühte sich, keine Angst zu zeigen. Sie hätte gerne gefragt, wohin sie fuhren. Doch das kam ihr banal vor, und sie besann sich eines Besseren. »Würden Sie mich bitte an einem Taxistand absetzen?«

»Selbstverständlich«, sagte Eddie, »aber erst müssen wir Ihnen Schuhe kaufen. So können Sie nicht in Ihr Hotel gehen.« Er deutete auf ihre blutbespritzten Schuhe und Strumpfhosen. »Sie gestatten«, sagte Eddie, kniete vor ihr nieder, nahm ihren rechten Fuß in die Hand und zog den Schuh aus. »Wir brauchen ihn wegen der Größe. Wir halten bei Lane Crawford. Mein Chauffeur wird die Schuhe kaufen. Er hat einen sehr guten Geschmack.«

Wai Joi kam schon nach wenigen Minuten mit einer eleganten Tragetasche zurück, die eine Schuhschachtel enthielt. Eddie überreichte sie Victoria mit beiden Händen, machte eine kleine Zeremonie daraus. Victoria öffnete die Schachtel, schob das Seidenpapier beiseite und entnahm ihr ein Paar paillettenbesetzte goldsilberne Abendschuhe. Sie mußte unwillkürlich lächeln. »Sie sind wirklich sehr schön«, sagte sie.

Eddie hatte ihren linken Fuß genommen und ihr auch den anderen Schuh ausgezogen. Doch er ließ ihren Fuß nicht los. Sie war sich der festen, schmalen Hand bewußt, der Kühle, die von ihr ausstrahlte. »Sie sollten auch die Strümpfe ausziehen, das Blut wird bald riechen.«

Victorias Gedanken überschlugen sich. Sie hatte nur Strumpfhosen an, und dieser Irre saß da und schaute ihr unter den Rock. Was sollte sie bloß tun?

Eddie entschied die Angelegenheit für sie. »Ziehen Sie sie bitte aus«, sagte er freundlich. »Sonst muß ich es für Sie tun«, setzte er mit einem Lächeln hinzu.

Victoria beschloß, die Sache nicht zu dramatisieren. Sie drehte die Knie zur Seite, griff unter ihren Rock, zog die Strumpfhose aus und setzte sich darauf, um sich weitere Peinlichkeiten zu ersparen.

Eddie streifte ihr die neuen Schuhe über. »Na bitte! Und jetzt lade ich Sie zum Mittagessen ein. Wir wollen doch, daß Sie einen guten Eindruck von Hongkong bekommen.«

Der Lieferwagen beschleunigte und war schon bald in dem Tunnel, der Hongkong mit Kowloon verbindet. Die Lichter des Tunnels ließen abwechselnd Licht und Schatten über ihre Gesichter huschen, während sie einander musterten. Wenn ich nicht mitspiele, bumst mich dieser Gangster gleich hier auf der schmutzigen Wäsche, überlegte Victoria, äußerlich ruhig.

Eddies Gedanken gingen in die gleiche Richtung: Bei der brauche ich nicht erst schwarze Hühnerbrühe.

## IX

Wenige Minuten später bog der Lieferwagen in die elegante Auffahrt des Peninsula-Hotels ein. Der Page in seiner makellosen, gestärkten weißen Livree und dem frechen Käppi riß Mund und Augen auf, als der Lieferwagen, mit beispielloser Unverfrorenheit, in der von Säulen getragenen Vorhalle anhielt, der altehrwürdigen Domäne von Rolls Royce, Bentley und Daimler. Sein Unterkiefer klappte noch weiter herunter, als die Hecktüren aufflogen und Eddie heraussprang, gefolgt von Victoria. Als sie das Hotel betraten, drehte sich Eddie zu dem Pagen um und knurrte auf kantonesisch: »Was glotzt du so, du Affe? Glaubst du vielleicht, weiße Frauen müßten nicht gewaschen werden? Schon mal eine im Sommer gerochen?«

Eddie mied das von Touristen besuchte Restaurant in der Halle des Peninsula ebenso wie den eleganteren Speisesaal auf der Galerie und führte Victoria statt dessen in das Chesa, ein Schweizer Restaurant, das von sachkundigen Geschäftsleuten und Diplomaten frequentiert wurde. Der Raum war eine originalgetreue Nachbildung eines typischen

Graubündner Chalets mit dunkler Holztäfelung und Dekorationsstücken aus Zinn. Zu Victorias Überraschung eilte der Oberkellner herbei, als er Eddie sah, und tauschte höfliche Bemerkungen mit ihm, während er sie zu ihrem Tisch geleitete. Sofort erschien eine Flasche Epesses, ein Westschweizer Wein, und Eddie erhob sein Glas auf Victoria. »Wir haben uns, gelinde gesagt, auf eine etwas unkonventionelle Art kennengelernt. Gestatten Sie mir, mich vorzustellen.« Er zog eine Visitenkarte aus einem eleganten Lederetui und reichte sie ihr. »Eduardo Lim. Bitte nennen Sie mich Eddie.«

Victoria dachte, der Mann steckt voller Überraschungen. »Ich bin Victoria Phillips. Mrs. Otis Phillips«, fügte sie hinzu, um das klarzustellen. Dann kam sie sich doch etwas bombastisch vor, und so sagte sie mit einem Lächeln: »Victoria.« Das Lächeln betonte ihren schönen Mund, und Eddie bemerkte den Schönheitsfleck über ihrer Lippe. Dem chinesischen Volksglauben zufolge mußte sie einen ähnlichen Schönheitsfleck oder *ji* oberhalb der Vagina haben. Es lohnt sich, das nachzuprüfen, dachte er.

Der Oberkellner tauchte wieder auf. »Ein Fondue oder ein Raclette zum Wein?« schlug er vor. »Der Käse ist gestern direkt aus Neuchâtel eingetroffen. Mit der Swissair.«

»Nein, wir fangen mit dem Bündnerfleisch an, dazu dunkles Brot; und danach Zürcher Geschnetzeltes mit Rösti, aber sorgen Sie dafür, daß die Kartoffeln fest und knusprig sind. Salat und Dessert suchen wir später aus.«

Er hatte mit Autorität bestellt und dadurch, daß er Victoria nicht selbst wählen ließ, die Rolle des Beschützers übernommen, was sich, wie er fand, auch die emanzipiertesten Frauen insgeheim gerne gefallen ließen. Er verriet ihr nicht, daß er die schwierige Deutschschweizer Speisekarte auswendig gelernt hatte, und zwar mit Hilfe eines amüsierten Schweizer Juweliers, dessen Geschäft in der Zürcher Bahnhofstraße Eddies burmesische Jade führte.

Victoria entspannte sich in der zivilisierten Umgebung. Ihr geschultes Auge wußte es zu würdigen, daß die pseudoschweizerische Ausstattung auf Kitsch verzichtete. Als sie sich wieder Eddie zuwandte, kam sie zu dem Schluß, daß er eine Art Chamäleon war, Rüpel oder Gentleman, wie die Gelegenheit es erforderte. Sie hatte ihn gemustert, während er bestellte, und sie mußte zugeben, daß er mehr als gutaussehend war, wenn auch auf eine harte, vielleicht sogar grausame Weise. Natürlich hatten sich ihre Kontakte mit asiatischen Männern bisher auf chinesische Kellner und koreanische Gemüsehändler beschränkt, lauter Unpersonen, die nicht in ihr Bewußtsein eindrangen. Während sie die ganzen visuellen Informationen verdaute, traf es sie plötzlich wie ein Schock, daß das fleischfarbene Stück Nylon, das in Eddie Lims Brusttasche steckte, ihre eigene abgelegte Strumpfhose war. Sie war empört, daß er ein Kleidungsstück angefaßt hatte, das an ihrer Scheide gehaftet hatte; sie war überzeugt, daß er es bereits an sein Gesicht gehalten hatte, um ihren Geruch einzuatmen. Sie erkannte, daß es ihm eine gewisse Macht über sie verlieh. Sie mußte daran denken, was ihre Köchin, Prudence, über die Medizinfrauen auf Trinidad erzählt hatte, denen ein Mann die Fingernagelschnipsel oder das Menstruationsblut einer Frau brachte, damit sie ihm, mit Hilfe magischer Beschwörungsformeln, absolute Macht über die betreffende Frau verliehen. Plötzlich kam sie sich entblößt und wehrlos vor, und so preßte sie die Knie zusammen, wie um einem weiteren Eindringen in ihre Intimsphäre vorzubeugen.

»Mr. Lim«, sagte sie. »Sie waren sehr freundlich. Vielen Dank für die Einladung, aber ich muß jetzt wieder in mein Hotel.«

»Warum so eilig, Mrs. Phillips? Die Banker sind um eins zum Mittagessen gegangen. Und nach der Nachmittagssitzung im Hilton findet ein Arbeitsessen im Jockey Club statt.«

Victoria ärgerte sich über diese Einmischung. »Für einen Wäschemann sind Sie erstaunlich gut informiert«, gab sie zurück, um gleich darauf die Wahl ihrer Worte zu bereuen.

Sie hatte das Gefühl, daß Eddie nicht zu den Männern gehörte, die eine Beleidigung einfach hinnahmen. Ihre Vermutung wurde umgehend bestätigt.

»Ich weiß sogar noch mehr«, sagte Eddie. »Ich weiß, daß Ihr Mann das Golden Palace Bath House aufsuchen wird, bevor er in den Jockey Club geht.« Er wartete einen Moment, um dann die nächste Breitseite abzufeuern. »Und das ist kein Lokal, in dem der Gouverneur von Hongkong verkehrt.«

Victoria war sichtlich getroffen. »Woher wollen Sie das wissen?«

»Der Chauffeur Ihres Mannes und meiner sind aus dem gleichen Viertel. Sie tauschen Informationen aus«, sagte Eddie. »Und Informationen sind der Lebensnerv von Hongkong. Wir brauchen dieses Wissen zum Überleben.«

Der verbale Schlagabtausch nagte immer noch an Victoria. »Und welche Art Wissen braucht man, um schmutzige Wäsche zu waschen?«

Eddie wartete, bis sein Zorn verraucht war, ehe er antwortete. »Wäschereien sind genauso wichtig wie Banken«, sagte er ruhig. »Meine gibt zweihundert Menschen Arbeit. In der Hauptsache Flüchtlingen, die Eltern und Kinder haben.«

»Es tut mir leid«, sagte Victoria aufrichtig. »Ich war wütend. Aber Sie haben kein Recht, in meinem Leben herumzuschnüffeln.«

»Mein Chauffeur hat Ihre Handtasche durchsucht und mir die Schnappschüsse aus Ihrer Brieftasche gezeigt. Sie haben einen sehr gut aussehenden Mann und ein wunderschönes Segelboot. Und Sie machen sich sehr gut auf Skiern.« Er lächelte. »Wie Sie sehen, weiß ich mehr über Sie als Sie über mich.«

Victoria griff nach ihrer Handtasche. »Ist Ihnen schon einmal der Gedanke gekommen, daß ich gar nicht mehr über Sie wissen möchte?«

»Nur dumme Menschen sind nicht neugierig. Und Sie gehören nicht in diese Kategorie.«

»Wie interessant. Ein Wäschereibesitzer, Philanthrop und Philosoph dazu«, sagte Victoria und stand auf.

»Sie haben den Antiquitätenhändler vergessen«, erwiderte Eddie.

Victoria setzte sich wieder hin. »Jetzt machen Sie mich doch neugierig.«

»Dann möchte ich Ihnen etwas zeigen«, sagte Eddie und erhob sich.

Während Eddie vor Victoria durch die vollbesetzte Hotelhalle ging, stellten die Menschen-Beobachter dort Spekulationen über ihre Beziehung zueinander an. Die Beurteilung hing jeweils von Rasse, Alter und Geschlecht des Betrachters ab. An einem Tisch soignierter chinesischer Anwälte mit Hornbrillen dachte man: Ein pomadisierter Gangster mit seiner weißen Schlampe. An einem Tisch voller Amerikanerinnen mit blaugetönten Haaren war es mehr die unausgesprochene Frage: Ob die beiden es tatsächlich miteinander treiben? Sie sieht so vornehm aus. Aber heutzutage weiß man ja nie. Zwei Friseure aus Beverly Hills betrachteten Eddies rabenschwarzes Haar und seinen durchtrainierten Körper. »Er hat so was Dominierendes«, kommentierte der eine. »Umwerfend«, sagte der andere.

Victoria taten sie mit einer spöttischen Bemerkung ab. »Wo läßt die sich denn frisieren? Bei Charles of Pasadena?«

Victoria und Eddie sahen die erhobenen Gesichter und lasen darin die unausgesprochene Frage. Als sie in die Vorhalle hinaustraten, sahen sie sich an und lächelten. Sie wußten, daß sie von einem Saal voller Fremder bereits in ein zerwühltes Bett gepackt worden waren.

## X

Am Anleger Repulse Bay löste sich das Schiff aus der Menge ähnlicher Wasserfahrzeuge und nahm Kurs auf den East Lamma Channel. Allem Anschein nach war die *Peony VI, Hongkong 2643* nichts weiter als eine Dschunke, deren Bauweise und Hilfssegel ihr ein typisch chinesisches Aussehen verliehen. Im Gegensatz zu ihren Artgenossen hatte sie einen starken Motor, der blauen Qualm in die Luft spie. Mit den alten Reifen anstelle von Fendern und den Plastikmülleimern auf dem Oberdeck unterschied sie sich äußerlich nicht von aberhundert anderen Schiffen dieser Seewege. Tatsächlich aber war sie das genaue Gegenstück zu der Dschunke, die mit einer Ladung gestohlener Antiquitäten aus dem Hafen von Haimen ausgelaufen war.

Eddie Lim stand im Ruderhaus und navigierte die Dschunke an Trawlern, Tankern, Fischerbooten und Hochseedampfern vorbei. Victoria, die ihre paillettenbesetzten Schuhe ausgezogen hatte und Zehensandalen aus Gummi trug, war auf dem Vorschiff und hielt sich an den Rettungsleinen fest. Neben ihr stand die einköpfige Besatzung, ein alter Mann in T-Shirt und ausgebeulten Khaki-shorts. Von Zeit zu Zeit nahm der alte Seemann die Zigarette aus dem Mund und deutete mit dem Mundstück auf die vorbeigleitenden Inseln. »Lantau, Ma Wan, Tsing Yi ...«, verkündete er in kantonesischem Singsang. Da Victoria nicht genau wußte, wovon der Alte sprach, nickte sie begeistert. Als sie aber eine Ladung salzige Gischt abbekam, ging sie zu Eddie ins Ruderhaus.

»Onkel hat Geschmack. Sie haben ihm auf Anhieb gefallen«, sagte Eddie.

»Ist er wirklich Ihr Onkel?«

»Wir nennen Menschen, die wir mögen, Onkel oder Tante. Ausgehaltene Frauen nennen ihre Liebhaber Daddy. Das ist bei uns so üblich«, erläuterte Eddie. »Das hat nichts mit Verwandtschaft zu tun. Aber Onkel spielt in meinem Leben eine besondere Rolle; er ist seit zehn Jahren bei mir. Er würde alles für mich tun. Ich lasse ihn auf dem Boot wohnen. Keine große Gegenleistung.«

»Eddie«, sagte Victoria plötzlich entschlossen. »Wissen Sie das mit dem Badehaus ganz genau? Dem Golden Palace, was für ein Lokal das ist?«

»Ich hätte Ihnen nichts davon sagen sollen; es war schäbig von mir«, sagte Eddie. »Aber Sie hatten mich einen Wäschemann genannt. Einem anderen hätte ich dafür das Gesicht zerschlagen.«

Eddie sah den besorgten Blick in Victorias Gesicht. Um die Sache wiedergutzumachen, überließ er ihr das Ruder. »Sie sind der schönste Steuermannsmaat im ganzen Hafen. Langsame Fahrt voraus.«

Sie freute sich über das Kompliment, doch es tröstete sie nicht über Otis' neueste Treulosigkeit hinweg. Sie warf einen schnellen Blick auf Eddie. Ein merkwürdiger Mensch. Abwechselnd brutal und sanft, abgebrüht und rücksichtsvoll. Aber sie hielt die Augen auf die weißen Schaumkronen im Wasser vor sich gerichtet und steuerte einen gleichmäßigen Kurs. Sie mußte zugeben: Es machte ihr Spaß, das Ruder zu halten; es freute sie, daß er es ihr anvertraut hatte. Es war, als hätte er die Kontrolle preisgegeben, die er seit ihrer Rettung aus der blutbesudelten Schlachterei über sie gehabt hatte. Weiter vorn sah sie eine kleine Insel und blickte Eddie fragend an.

»Bringen Sie sie in die kleine Bucht dort«, sagte er. Als jedoch feine Nebelschleier vorbeizogen, stellte sich Eddie hinter sie, legte die Hände auf ihre und übernahm das Ruder. Es wäre kindisch gewesen, die Hände wegzuziehen, und so duldete sie seinen festen Griff. Sie wurde sich der stechenden Süße von Ylang-Ylang-Blüten bewußt, des Duftstoffs seiner Pomade. Es war ein Tanzpalastgeruch für Aufreißer. Doch bei Eddie Lim war es nur eine weitere Facette seiner schwer durchschaubaren Persönlichkeit. Sie hielt den Blick fest nach vorn gerichtet, sah in der Ferne eine kleine Bucht auftauchen und dort eine Dschunke, ähnlich der von Eddie, vor Anker liegen. Sie spürte seinen Atem.

»Sie haben den Hals eines Schwans. Anmutig, lang und weiß«, sagte er.

Die Formulierung verblüffte sie, aber sie fand sie irgendwie schön. Sie machte sich auf den unvermeidlichen Kuß auf den Nacken gefaßt. Statt dessen schob Eddie sie zur Seite und brachte die Dschunke mit einem gekonnten Manöver längsseits ihres Gegenstücks, das in der Bucht lag.

Dann ging alles sehr schnell, wie bei einer vertrauten Manöverübung. Onkel und die Männer auf dem anderen Schiff warfen Leinen und machten die Dschunken aneinander fest. Männer mit Schraubenschlüsseln entfernten an beiden die Namensschilder von Bug und Heck und tauschten sie aus. Somit wurde aus dem Boot die *Silver Mountain, Hongkong 5783* und aus dem Boot, das in der Bucht vor Anker gelegen hatte, die *Peony VI, Hongkong 2643*.

Auf Victoria, die diese Entwicklung mit einigem Erstaunen verfolgt hatte, wartete noch eine weitere Überraschung. Die beiden Besatzungen tauschten die Boote, und schon wenige Minuten später standen sie und Eddie im Ruderhaus der ehemaligen *Silver Mountain*, die nun *Peony VI* hieß, während Onkel die Leinen losmachte. Für Victorias erfahrenes Auge – sie war schließlich keine Landratte, sondern segelte seit ihrer Kindheit – sahen sich die beiden Dschunken verblüffend ähnlich. Und zwar so sehr, daß sie überzeugt war, daß diese täuschende Ähnlichkeit bewußt herbeigeführt worden war. Sie wandte sich an Eddie. »Was hat das alles zu bedeuten?«

Eddie überlegte kurz, ehe er antwortete. Falls diese Amerikanerin nur eine hohlköpfige Touristin war, eine Frau, die den Nervenkitzel eines Abenteuers mit einem Exoten suchte, dann konnte er womöglich ein Unheil heraufbeschwören. Doch seine Intuition sagte ihm, daß sie etwas Echtes und Ehrliches an sich hatte, eine Korrektheit, die ihr, trotz aller Mißbilligung, nicht gestatten würde, ihn zu verraten. Im übrigen hatte er nichts getan, um sich ihre Feindschaft zuzuziehen.

»Ich werde es Ihnen zeigen«, antwortete er. Er sagte etwas in schnellem Kantonesisch, und Onkel kam herbeigeeilt, um das Ruder zu übernehmen.

Eddie bedeutete Victoria, ihm mittschiffs über eine Leiter auf ein tiefer gelegenes Deck zu folgen. Dort zog er ein großes Fischernetz zur Seite, unter dem eine Luke sichtbar wurde, die in den Laderaum führte. Eddie nahm eine starke, batteriebetriebene Laterne vom Haken, knipste sie an und begann hinunterzusteigen. Victoria folgte ihm vorsichtig. Das Abenteuer beginnt, schoß es ihr durch den Kopf.

Drunten im Laderaum konnte sie unter ihren Füßen das Schwappen des Bilgewassers hören. Sie wurde sich der Wellen bewußt, die gegen den hölzernen Rumpf schlugen und unterdrückte den Anflug von Übelkeit, den die Dieseldämpfe unter Deck hervorriefen. Aber als sie dem Lichtstrahl von Eddies Laterne folgte, vergaß sie ihr Unbehagen. Verstreut wie auf einer Hindernisbahn stapelte sich längs der Wände eine ungeheure Ansammlung asiatischer Kunstwerke, von denen jedes Stück darum bettelte, von ihr in die Hand genommen zu werden. Eddie war vor dem abgetrennten Kopf eines mächtigen Buddhas stehengeblieben. Der Lichtstrahl glitt über das vergoldete, geheimnisvolle Gesicht, ließ den Haarknoten, die langgezogenen Ohrläppchen aufleuchten. Victoria strich wie liebkosend mit beiden Händen über dieses Gesicht, eine Geste von solcher Sinnlichkeit, daß Eddie unwillkürlich ein Ziehen in der Leistengegend verspürte. Sie wandte sich von dem Buddha ab.

»Ein Bodhisattva, T'ang-Dynastie?« meinte sie zögernd.

»Ich glaube, die Dynastie stimmt, aber es ist wohl eher der Buddha Amitabha, der Herr des westlichen Paradieses. Die meisten Chinesen verehrten ihn früher«, erwiderte Eddie.

»Sie wissen wirklich Bescheid«, sagte sie verwundert.

Eddies Antwort war nüchtern. »Man muß nun mal Bescheid wissen. In der Wäschereibranche: Wie entfernt man Sojasauce? Mit welchem Mittel, bei welcher Wassertemperatur? In der Kunstbranche: Welche Periode? Welcher Zustand? Welche Provenienz? So ist es mit allem.« Sie gingen zu einem großen Bronzekessel weiter, der auf drei Beinen ruhte; unter der grünen Patina waren noch deutlich die stilisierten Drachen zu erkennen. »Wollen Sie einen Versuch wagen?«

»Er ist sehr alt, fast prähistorisch. Ein rituelles Gefäß, würde ich sagen.« Sie lächelte Eddie an. »Soweit bin ich mir meiner Sache noch sicher. Alles weitere wäre pure Raterei.«

»Eindeutig eine Bronzearbeit aus der Shang-Zeit. Meine Hochachtung. Sie kennen sich wirklich aus. Ich verstehe von westlicher Kunst rein gar nichts, aber Sie besitzen den Sachverstand eines Profis, was asiatische Kunstwerke betrifft.« Sie schlenderten weiter und blieben vor dem Tonmodell des Hauses eines Mandarins stehen, das in kräftigen Farben bemalt war. Die vier Stockwerke und die ebensovielen Dächer waren erstaunlich gut erhalten. Eddie drehte sich zu Victoria um und fragte gebieterisch: »Nun, Victoria?«

Sie ärgerte sich über den schulmeisterlichen Ton, der implizierte, daß ihr Wissen, oder ihr mangelndes Wissen, examiniert wurde; daß sie, je nachdem, wie ihre Antwort ausfiel, belohnt oder bestraft werden würde. »Eine Grabbeigabe. Um den Geist des Toten aufzunehmen. Das gibt es in vielen Kulturen. Die Zeit weiß ich nicht«, fügte sie leicht trotzig hinzu.

Eddie ignorierte den aggressiven Ton und wurde pedantisch. »Es stammt aus der Han-Zeit, die mit der Einführung des Konfuzianismus in China beginnt und mit der Annahme des Buddhismus endet. Eine sehr wichtige Periode. Falls Sie sich ernsthaft mit chinesischer Kunst beschäftigen wollen, müssen Sie sich in dieser Periode auskennen.«

Er ging weiter, blieb kurz vor einer Tempelschnitzerei stehen und ließ Ärger wegen der geringfügigen Beschädigung erkennen, die sie auf dem Transport erlitten hatte. Victoria folgte ihm, bis er innehielt, um ein gerahmtes Stück Seide zu bewundern, das mit Kalligraphie bedeckt war. Er las den Text, während sie die kunstvolle Ausführung der chinesischen Schriftzeichen bewunderte, ohne ihre Bedeutung ergründen zu können.

»Sie sind dem Dichter in einem früheren Leben begegnet«, sagte Eddie.

Victoria wartete auf eine Erklärung. Statt dessen deklamierte er:

»In heißem Orchideenwasser gebadet, oh!
Das Haar gewaschen mit duftenden Essenzen!
In männiglich Farben der Blumen gewandet, oh!
Wie die Edelste aller Blüten!«

Es war das Schönste, was ihr ein Mann jemals gesagt hatte. Sie korrigierte sich. Es war das einzig Schöne, das ihr ein Mann jemals gesagt hatte. Sie hatte ihren gebührenden Teil an Komplimenten, an amourösen Schmeicheleien, an plumpen, aber gutgemeinten angelsächsischen Würdigungen ihrer Anatomie erhalten, aber noch nie hatte ein Mann sie mit der »Edelsten aller Blüten« verglichen. Sie hätte ihn am liebsten auf die Wange geküßt, doch eine kulturelle Barriere hinderte sie daran, und der Moment ging vorbei.

Für Eddie ging der Moment nicht vorbei. Er hob sie mühelos hoch und legte sie auf das Hochzeitsbett eines Mandarins. Es war ein kleines Haus für sich, samt Dach, Baldachin und Seitenwänden, die außen mit geschnitzten Pfirsichen und Singvögeln geschmückt waren, innen mit Drache und Phönix. Es war vollständig erhalten, bis hin zu der bestickten scharlachroten Tagesdecke. Victoria spürte seine Hände an ihren Schultern, als er sie auf das Bett drückte. Ihr erster Gedanke war: wenn ich mich wehre, bricht er mir das Genick, als wäre es ein Streichholz. Statt dessen fuhr er mit dem Daumen wieder und wieder von der Innenseite ihrer Unterlippe hinab zu der Vertiefung unten am Hals. Dies tat er so lange, bis sie wie hypnotisiert war, wie das Kaninchen vor der Schlange. Er zog ihr sanft und gemächlich das Leinenoberteil aus und schob dann ihren Rock bis zu den Hüften hinauf. Sie spürte die plötzliche Kühle, die ihre Nacktheit noch unterstrich. Einen Moment lang herrschte Stille, und dann wurde ihr sein Atem bewußt, der sanft über das Moos strich, das ihren Venushügel bedeckte. Sie konnte nicht wissen, daß er nach dem Schönheitsfleck suchte, dem Gegenstück zu dem Fleck an ihrer Oberlippe. Als er ihn fand, war er nicht überrascht; er bestätigte ihm nur, daß alles im Kosmos einer naturgegebenen und vorausbestimmten Ordnung folgt.

»Mrs. Phillips«, sagte er, »Sie haben das Gold der Sonne über Ihrer Jadepforte eingefangen.« Als er dort anklopfte, stellte er fest, daß die Pforte bereits für ihn geöffnet war. »Oh«, sagte er mit einem tiefen Seufzer. »Wie die Edelste aller Blüten!«

Sie sog den Duft von Ylang-Ylang ein und schlang ihre Arme und Beine um ihn.

## XI

Als sich die *Peony VI*, vormals *Silver Mountain*, dem Hafenbecken von Repulse Bay näherte, stand Eddie am Ruder, neben ihm Victoria. Sie sah ihn von der Seite an, suchte eine Bestätigung der neuen Intimität zwischen ihnen, doch er war ganz in seine Arbeit vertieft und nicht bereit, auf ihren Blick zu reagieren. Vielleicht bemerkte er ihn nicht einmal.

Der Abend brach schon herein, und die untergehende Sonne machte dem aufregenderen Schauspiel der Millionen Lichter und Neonröhren Platz, die auf den Hügeln und an den Ufern Hongkongs zum Leben erwachten. Eddie verminderte die Geschwindigkeit und schob sich vorsichtig zwischen den Inseln aus miteinander vertäuten Dschunken hindurch. Daher bemerkte – vielmehr beachtete – er die Motorjacht nicht, die an ihnen vorbeiglitt und deren Motorengedröhne vom Wasser der Bucht gedämpft wurde.

Tatsächlich handelte es sich bei der Jacht um eine 36 Meter lange Christensen Lady Wanda, die von zwei Deutz-MWM-Schiffsdieseln angetrieben wurde. Ihre größte Breite betrug acht Meter, ihr Tiefgang zwei Meter. Sie war der ganze Stolz der Christensen-

Werft in Vancouver, der kleinen Hafenstadt im amerikanischen Bundesstaat Washington. Die Erbauer wären überrascht gewesen, hätten sie erfahren, daß die Eigner sie in eine koreanische Werft gebracht hatten, wo der elegante Salon und die vier Kabinen herausgerissen worden waren, um einen geräumigen Laderaum zu schaffen, in dem sich unrechtmäßig erworbene Luxuslimousinen oder auch gestohlene Antiquitäten transportieren ließen. Um das Beladen zu erleichtern, war direkt vor dem schnittigen, erhöhten Glade-Johnson-Ruderhaus eine Zugangsluke eingebaut worden.

Von der Laufbrücke der Jacht aus hatten sich fünf Männer, mit den üblichen weißen Baseballmützen und Windjacken der Wochenendsegler angetan, die *Peony* genau angesehen. Taira und vier der Yakuzas, die wir zuletzt im Thermalbecken in Atami gesehen hatten, ließen die Feldstecher sinken. Taira steckte sein Fernglas in das Etui und wandte sich an seine Männer.

»Das waren Eddie Lim und der alte Mann, den er Onkel nennt. Wer die *hakujin*-Frau ist, weiß ich nicht.«

»Sie ist so weiß wie ein Reiskuchen. Ich wüßte zu gern, ob sie auch so süß ist«, sagte einer der Männer laut.

Taira schmunzelte. »Wir sind hier, um Antiquitäten zu beschaffen, nicht um *mochi* zu essen. Denkt lieber an eure Arbeit heute abend und nicht an die *o-manko* eines Weibsbilds. Ich will Gonda-san eine perfekt ausgeführte Operation melden können. Bitte konzentriert euch mit allem, was euch innewohnt«, fügte er in archaischem Japanisch hinzu.

Die Männer nickten wunschgemäß, doch Taira war noch keineswegs beruhigt. Die Welt, in der die Yakuzas lebten, eine Welt, bevölkert von Schlägern, Bardamen, Kredithaien, Spielern und Prostituierten, war eiserner Disziplin nicht gerade förderlich. Seine eigene Jugend auf Okinawa hatte ihn anders gemacht. Die jahrelange Unterweisung in den alten Kampfsportarten, die Armut und Mühsal des Lebens auf dem Lande, der strenge Unterricht in einem buddhistischen Tempel unter dem unerbittlichen Regiment eines *sensei* mit granitener Faust, hatten aus ihm einen Mann gemacht, der so ganz anders war als die Gangster, die an den Fleischtöpfen Tokios, Osakas und Yokohamas groß geworden waren. Was seine Männer wirklich bei der Stange hielt, dachte Taira, war die Strafe, die bei Versagen oder Verstößen gegen das Yakuza-Ethos von den Bossen der Gumi verhängt wurde. Es war das altehrwürdige Abhacken eines Fingergliedes der eigenen Hand. Als Sühne für seine Pflichtvergessenheit mußte der Missetäter das Glied dann, in Seidenpapier eingewickelt, seinem Vorgesetzten überreichen.

## XII

Sie hatten Onkel als Aufsicht auf der *Peony VI* zurückgelassen. Sie lag an der Peripherie einer Ansammlung scheinbar ähnlicher Wasserfahrzeuge vertäut, die ihr völlige Anonymität verliehen. Um an Land zu kommen, waren sie über die Decks der anderen Boote gegangen, was Victoria Einblicke in das Leben der Menschen gab, die das Südchinesische Meer befuhren, die an Bord ihrer Schiffe geboren wurden, heranwuchsen, Erfolg hatten oder scheiterten, heirateten, sich fortpflanzten, schließlich krank wurden und starben. Sie sah Großmütter, die auf Kleinkinder aufpaßten; junge Mütter, die ihre Babys stillten; Kinder, die mit gleichermaßen seefesten Hunden und Katzen spielten; alte Männer, die mit ihren Singvögeln sprachen, die sie in Käfigen hielten. Sie sah Männer, die Fischernetze flickten; Frauen, die in großen Woks kochten; Liebesleute in sittsamem Gespräch; Friseure und Zahnärzte, die ihr Handwerk ausübten. Es war das Leben einer dörflichen Gemeinschaft, seit Jahren unverändert, nur daß es sich auf Salzwasser abspielte statt auf festem Boden.

Sie waren mit einem Taxi nach Wanchai gefahren und in den Roten Lotos gegangen, einen häßlichen, knalligen Nachtclub, dessen Fassade übersät war mit zuckenden, lockenden Neonlichtern in Farben, die im Spektrum der Natur nicht vorkamen. Die schlangenförmigen Leuchtröhren taten in Englisch, Chinesisch und Japanisch kund, daß hier *topless girls* den Kunden erwarteten. Der Rote Lotos lag gleich hinter dem Polizeigelände, als genieße er dessen Schutz. Obwohl es erst sieben Uhr abends war, drängten sich im Nachtclub bereits amerikanische Matrosen und Marineinfanteristen einer amphibischen Einheit; Teerjacken von einer britischen Fregatte; japanische Pauschaltouristen, deren Bus außen parkte; und vereinzelte ortsansässige Rabauken mit ihren Mädchen. Unter den Gästen war auch Superintendent Braddock mit einem Kollegen, einem Beamten von Scotland Yard, der in der Kronkolonie Urlaub machte. Sie saßen mit Blick auf den spiegelblanken Laufsteg, auf dem kaum bekleidete Mädchen rhythmisch zur Band-Musik Sex mit senkrechten Messingstangen simulierten. Die Darbietung war so ordinär, wie man es überall zwischen Hamburg und Bangkok findet.

Braddock haßte seine Aufgabe, diese erzwungene gegenseitige Gastfreundschaft, die zu Besuch weilenden Polizeibeamten zuteil wurde. Er stellte fest, daß er mit diesen Männern wenig gemein hatte und bei weitem die Gesellschaft von Senior Inspector Lee vorzog, mit dem er kleine Restaurants ausfindig machen und hin und wieder einen Ausflug auf die Rennbahn in Happy Valley unternehmen konnte. Der Londoner, den er bei sich hatte, machte gerade seinen zweiten Whisky nieder; seine ganze Aufmerksamkeit war auf den Zwickel der jungen Kantonesin gerichtet, die ihr Becken an der Messingstange auf und ab schob. Braddock versuchte, seine Aufmerksamkeit von dort abzulenken, indem er ihm das Hauptgericht des Restaurants beschrieb, in das er ihn zum Abendessen führen wollte.

»Es gibt da diese sagenhafte Spezialität aus Schanghai.« Als Feinschmecker mußte er einfach fortfahren. »Man nimmt eine Schweinskeule und gart sie mit braunem Zucker, Sojasauce und Sternanis. Das macht man mehrere Stunden bei schwacher Hitze, bis sich die Keule fast in eine Art fette Ambrosia auflöst. Sie wird so zart, daß man sie kaum mehr mit den Eßstäbchen packen kann. Ich sage Ihnen, das schmeckt so gut, daß es schon fast unanständig ist.«

Von seinem Gast kam keine Reaktion. Er war noch immer ganz auf die Spezialitätentänzerin fixiert, die ihn gerade zwischen ihren gespreizten Beinen hindurch ansah. Du kannst mich mal, dachte Braddock. Da fährt der Kerl bis nach Hongkong, nur um sein bißchen Grips in den Arsch dieser Torte zu stecken. Ihn mit der hiesigen Küche zu locken, wo er nie über Bratwurst mit Kartoffelbrei hinausgekommen ist, heißt Perlen vor die Säue werfen. Braddock bestellte noch eine Runde und richtete seine Gedanken nach innen, um sich mit den geraubten Antiquitäten zu beschäftigen, von denen bislang jede Spur fehlte.

Victoria war Eddie über eine Treppe nach oben in das Büro des Nachtclubs gefolgt. Erst dort wurde ihr klar, daß der Rote Lotos ihm gehörte. Eddie stellte sie der Managerin vor, die Lily hieß und in ihrem zweireihigen Abendanzug sehr geschäftsmäßig wirkte. Victoria war von ihrer makellosen Haut, den ebenmäßigen Zähnen und dem glänzenden rabenschwarzen Haar beeindruckt. Und wie schon auf den Straßen Hongkongs wurde sie sich erneut ihrer Unfähigkeit bewußt, an den faltenfreien Gesichtern der Chinesinnen abzulesen, ob sie Teenager, in den Zwanzigern oder gar in den Dreißigern waren. Diese Lily trug eine schlichte Pagenfrisur, wobei ihr Haar am Hinterkopf so hoch und kurz geschnitten war wie die ausrasierten Nacken der Keramikkinder, die auf dem einladenden Schoß eines Keramikbuddhas spielen. Sie trug eine schwarze Fliege zu ihrem Abendanzug, hatte jedoch auf Kragen und Hemd verzichtet. Victoria beneidete sie um ihre aufreizende Eleganz.

Während Eddie mit der wöchentlichen Abrechnung beschäftigt war, rief Victoria im Regent an, verlangte ihr Zimmer und nannte ihren Namen. Die Telefonistin hatte erfreuliche Neuigkeiten für sie. »Mr. Phillips hat eine Nachricht für Sie hinterlassen: ›Unvorhergesehene Arbeitssitzung heute abend. Rufe später wieder an.‹«

Victoria fühlte sich gedemütigt, doch es gelang ihr, ihre Stimme unter Kontrolle zu halten. »Ich möchte Mr. Phillips eine Nachricht hinterlassen. ›Viel Spaß im Golden-Palace-Badehaus.‹« Am anderen Ende herrschte Schweigen. »Ja, Sie haben richtig gehört. Im Golden-Palace-Badehaus.« Sie legte wütend auf und sah, daß Eddie sie vom anderen Ende des Zimmers aus beobachtete. Sie versuchte, sich nicht anmerken zu lassen, wie schwer sie in ihrem Stolz getroffen war, doch da stand Eddie schon neben ihr.

»Ich führe dich zum Abendessen aus; du wirst rechtzeitig im Hotel sein, um deinen Mann zu treffen.« Victoria deutete auf ihr Leinenkleid von Anne Klein. Nach einem Nachmittag im Laderaum der *Peony VI* war es schmutzig und zerdrückt. »Lily bringt dich in die Künstlergarderobe, da kannst du dir etwas Passendes aussuchen«, schlug Eddie vor.

Lily hatte sie bereits bei der Hand genommen und verschwand mit ihr in einem Flur, der von der Lampe am Notausgang in gespenstisches Rot getaucht wurde.

Die Garderobe bestand aus einem einzelnen Raum mit Ständern voll knalliger Kleider, Schminktischen mit ihren Spiegeln, Pudern und Cremes sowie Regalen voller Plastikköpfe, auf denen vielfarbige Perücken festgesteckt waren. Lily ging zu einem Ständer mit Kostümen und Kleidern, schob mit geübter Hand die Lagen aus Seide und Rayon auseinander und zog eine schwarze Seidenhose und einen schwarzen Pullover heraus, die eine unbekannte Künstlerin nach einem längst vergessenen Auftritt zurückgelassen hatte. »Sie werden Ihnen bestimmt passen«, sagte Lily. Victoria blickte sich nach einer Umkleidekabine um, sah aber lediglich Haken an den Wänden und den großen Schminkspiegel. Sie bemerkte Lilys belustigtes Lächeln angesichts ihres Unbehagens.

»Der Raum wird hauptsächlich von Stripperinnen benutzt. Da wären Heimlichkeiten wirklich lächerlich«, fügte Lily hinzu.

»Dann drehen Sie sich wenigstens um«, sagte Victoria und wandte ihr den Rücken zu.

»Selbstverständlich«, sagte Lily und zündete sich eine Zigarette an. Victoria zog ihr zweiteiliges Anne-Klein-Kleid aus; da ihr ihre Nacktheit peinlich war, streifte sie rasch den Pullover über den Kopf und schlüpfte in die Seidenhose. Beide paßten wie angegossen. Sie schüttelte ihr Haar aus und drehte sich um. Und da sah sie, daß Lily sie ganz unverschämt durch den Tabaksqualm musterte. Sie hatte sich gar nicht umgedreht.

Selbst auf dem College hatte Victoria ihre Intimsphäre abschirmen können, und so reagierte sie ziemlich heftig. »Ich hatte Sie gebeten, sich umzudrehen.«

»Hören Sie«, sagte Lily mit einem entwaffnenden Lächeln. »Ich hatte die Wahl zwischen einem kindischen Wunsch und meiner Neugier, und meine Neugier hat obsiegt.«

»Ihre Neugier, eine andere Frau zu sehen?« Victoria war verdutzt.

»Nein«, sagte Lily. »Die roten Haare. Ich mußte mich mit eigenen Augen davon überzeugen, daß sie nicht aus einer Flasche kommen. Und das ist offensichtlich nicht der Fall.«

»Das ist ja krank«, sagte Victoria.

»Stimmt«, sagte Lily und lachte. »Stimmt genau. Trotzdem werden wir Freundinnen.«

## XIII

Es war bereits dunkel, als die Christensen Lady Wanda bei der *Peony VI* längsseits ging. Ihre Maschinen waren abgestellt, und ihre teuren Fender sorgten dafür, daß der Ruck beim Aneinanderstoßen der beiden Schiffsrümpfe fast nicht zu spüren war.

Zumindest spürte Onkel nichts, der auf der Leiter zum Laderaum döste. Er befand sich in jener grauen Welt alter Menschen, in der ein Traum in den nächsten gleitet; nur die brennende Glut der Zigarette in seiner hohlen Hand rüttelte ihn von Zeit zu Zeit wach. Als er merkte, daß etwas nicht stimmte, wurde er bereits vom Schein einer starken Taschenlampe geblendet. Onkel griff nach einem Bootshaken mit Messingspitze und nahm die Ausgangsstellung eines Meisters der asiatischen Kampfsportarten ein. Herausfordernd blickte er in das grelle Licht auf der Suche nach einer Schwachstelle, auf die er sich stürzen konnte. Das Adrenalin, das durch seine verkalkten Adern schoß, verhalf ihm zu einem letzten ruhmreichen Augenblick. Er war wieder jung, wachsam, streitbar, zielbewußt. Um sein Dorf zu verteidigen, war er bereit, jeden niederzustrecken, ob Mongole, Japaner, Bandit oder Warlord.

Mit einem einzigen Faustschlag brach Taira Onkel das Genick und stieß ihn dann gleichgültig mit einem Fußtritt von der Leiter. Onkel stürzte in den Laderaum, den Bootshaken noch immer umklammert. Ein knapper Befehl von Taira, und zwei seiner Soldaten hoben Onkels zusammengekrümmten Leichnam auf, trugen ihn an Deck und warfen ihn in die Schwärze des Südchinesischen Meers.

Im finsteren Laderaum strichen die Taschenlampen der Männer durch die Düsternis wie Jupiterlampen bei der Eröffnung eines Supermarktes in Los Angeles. Nur Hadas Lichtstrahl hüpfte völlig unkontrolliert, so sehr hatte ihn die kaltblütige Ermordung des alten Chinesen aus der Fassung gebracht. Als seine Taschenlampe aber auf einer wundervollen großen Skulptur aus Metall zu ruhen kam, die farbenfroh mit Türkisen und Korallen verziert war, vergaß er Onkel, an dessen Leiche sich bereits ein Schwarm Barsche zu schaffen machte. Hada stieß sofort ein krächzendes »Hoh!« aus, dieses typisch japanische Grunzen, einen Laut, der Erstaunen, Verblüffung oder Bewunderung ausdrückt. Die Männer drängten sich um ihn, richteten ihre Taschenlampen auf dieselbe Stelle wie Hada, so daß die kunstvoll vergoldete Statue in vollem Glanz erstrahlte. Sie stellte eine finster dreinblickende Gottheit mit mehreren Armen und Beinen dar, die auf einer gekrümmten Schlange stand.

»Die ist so häßlich, daß man Albträume bekommen könnte«, meinte einer der Yakuzas.

Hada ignorierte die Bemerkung und wandte sich an die Männer, nicht um sie zu belehren, sondern um seine Sicht der Dinge anzubringen.

»Das ist ein Hayagriva aus Tibet. Er stammt vermutlich aus dem 7. Jahrhundert, als die chinesischen Frauen der tibetanischen Herrscher den Buddhismus in dem Himalaja-Königreich einführten.«

»Warum sieht er so zornig aus? Buddhismus ist doch gut«, fragte einer der pomadisierten Gangster zögernd.

Hada fand, daß der Mann eine Antwort verdiente. »Er ist voller Zorn, was bedeutet, daß er entschlossen ist, Begierde, Haß und Unwissenheit zu überwinden, die Wurzeln allen Leidens. Er steht auf einer Schlange, was die Unterwerfung des eigenen Ich symbolisiert.« Seine Erläuterung wurde schweigend aufgenommen. Er versuchte es erneut. »Die Schlange verkörpert alles, was in uns schlecht ist; Gefühle, die wir an der Mutterbrust noch nicht besaßen. Gefühle, die kamen, als wir erwachsen wurden; das Verlangen nach Macht, Geld, Frauen, Besitztümern. Und die Figur zerquetscht diese Gefühle mit den Füßen, damit wir in unserem Verhalten mehr wie Buddha werden.« Nun war es an den Männern, verständnisinnig und anerkennend »hoh, hoh« zu machen.

Der Rundgang wurde fortgesetzt. Sie kamen zu dem gewaltigen Buddha-Kopf, der so brutal von dem mächtigen, trostspendenden Körper im Museum von Haimen abgetrennt worden war. Hada brauchte nur kurz den ruhigen Gesichtsausdruck, die langgezogenen Ohrläppchen zu studieren.

»T'ang-Dynastie, ein Amitabha«, sagte er voller Bewunderung und ging weiter. Er blieb vor einer etwa 35 Zentimeter hohen achtseitigen Vase stehen. »Hier beweist sich die alte Spruchweisheit *Weiß im Norden, grün im Süden*«, sagte Hada zu den verdutzten Soldaten der Morita Gumi. »Das Motiv sind die acht Unsterblichen; die grüne Seladon-Glasur stammt aus Longquan in Südchina; aus der Zeit der Yuan-Dynastie.«

Das desinteressierte Schweigen der Männer, ihre Unfähigkeit, die überwältigende Schönheit zu würdigen, die vor ihnen ausgebreitet lag, ärgerte Hada. Mit der ganzen Intoleranz der Gebildeten wandte er sich ihnen zu.

»Ihr seid stolz darauf, daß Sony oder Hitachi täglich Zehntausende von Videorecordern produzieren? Nun, die Drachen-Öfen von Longquan konnten fünfundzwanzigtausend Stücke gleichzeitig brennen, und sie lieferten Dinge von unglaublicher Schönheit, keinen Schund aus Draht und Kunststoff.«

Die Männer verstanden den Vergleich nicht ganz, spürten jedoch intuitiv, daß die Diffamierung der Firma Sony auch sie selbst, ihre Zeit und ihren Platz in der japanischen Gesellschaft herabwürdigte.

Taira beschloß, darauf zu antworten. »Ist der alte Kram tatsächlich etwas wert? Nur darauf kommt es doch an.«

»Das hier ist ein wichtiger Fund. Er muß aus einem bedeutenden Museum stammen. Die Kunstwerke sind mehrere Millionen Dollar wert«, sagte Hada.

»Gibt es denn einen Markt für Stücke, die aus einem Museum stammen?« fragte Taira weiter.

»In Tokio, in Zürich und in New York gibt es Käufer, die danach lechzen. Bedauerlicherweise sind private Sammler heutzutage ebenso skrupellos wie die Leute, für die wir arbeiten.«

Taira warf sich sofort in die Bresche. »Bedauerlich für Sie, daß wir der Morita Gumi treu ergeben sind. Sie werden daher um Verzeihung bitten müssen für eine Bemerkung, die meine Männer einen Finger gekostet hätte. Entschuldigen Sie sich!« bellte er.

Hada hatte eine Antwort parat. »Ich bin nicht einer von Ihren Rabauken. Ich bin Professor für antike Kunst. Ich lasse mir von Leuten wie Ihnen keine Befehle geben.« Diese Bemerkung hatte zur Folge, daß aus einer unbedeutenden Auseinandersetzung das Melodrama eines Samurai-Films wurde.

Taira trat hinter Hada und zwang ihn durch brutalen Druck auf das Schlüsselbein in die Knie. »Sie werden jetzt die altehrwürdigen Worte *yurushite kudasai* sagen!« befahl er.

Hada sträubte sich kurz, doch als der Schmerz unerträglich wurde und ihm die Tränen in die Augen trieb, ließ er sich auf die Knie fallen und faltete bittend die Hände vor der Brust. Diese Geste war im modernen Japan unbekannt; Hada hatte sie nur im Fernsehen in den Chambara-Filmen von Katsu Shintaros *Der blinde Schwertkämpfer* und in den anspruchsvolleren Spielfilmen von Akira Kurosawa gesehen. Er sprach sogar folgsam die Worte nach. »*Yurushite kudasai.* Bitte verzeiht mir«, sagte er in einem Tonfall, der jeder Produktion des Toho Film-Studios Ehre gemacht hätte.

Die Yakuzas grunzten zufrieden angesichts der totalen Demütigung des Gelehrten.

## XIV

Eddie Lim blickte auf, als Lily und Victoria das Büro betraten. Er sah sofort, daß die schwarze Kleidung Victorias helle Haut dramatisch zur Geltung brachte, und sie erschien ihm, falls das überhaupt möglich war, noch schöner. Ihre Wangen hatten einen rosigen Ton; daß dieser auf Verlegenheit und Verärgerung zurückging, konnte Eddie nicht wissen. Unverzüglich wurde er von dem Verlangen gepackt, dieser weißen Haut, diesem rötlichen Busch erneut einen Besuch abzustatten. Der Gedanke, ihre Hand zu nehmen, die Arme um ihre Taille zu legen, ihre Wangen mit seiner zu berühren, war totgeboren. Die puritanischen chinesischen Sitten ließen es nun einmal nicht zu, derartige Gefühle in der Öffentlichkeit zu zeigen. Daher war Victoria nicht darauf gefaßt, als Eddie sagte: »Ich habe in deinem Hotel angerufen. Ich habe deinem Mann Bescheid hinterlassen, daß du den dreitägigen Ausflug nach Kanton machst.«

Victoria brauste auf: »Ohne meine Zustimmung?«

»Du hast deine Zustimmung gegeben«, sagte Eddie.

»Wann?« fragte sie ungläubig.

»Im Hochzeitsbett des Mandarins, als du mir deine Jadepforte geöffnet hast.«

Die exotische Wortwahl verschlug ihr die Sprache, und während sie noch nach einer Antwort suchte, ertönte Lilys Stimme. Sie hielt das allgegenwärtige Handy in der Hand. »Jemand hat aus dem Hafen angerufen. Auf der *Peony* geht irgend etwas vor.«

Mit Lily am Steuer ihres alten Jaguars legten sie die sechs Kilometer von Wanchai nach Aberdeen in Rekordzeit zurück – trotz kurvenreicher Strecke und nächtlicher Dunkelheit. Als sie am Kai ankamen, erwartete sie ein Bootsbewohner, der zu dem großen Kreis von Eddies Freunden und Anhängern gehörte. Er gab ihnen einen knappen Bericht.

»Ich habe gerade über Bord gepinkelt, als ein Motorboot bei der *Peony* längsseits ging. Es muß jemanden abgesetzt haben; dann hat es abgestoßen und ist in die Richtung gefahren.« Er deutete seewärts.

Eddie drehte sich zu Lily um. »Ruf Wai Joi an und sag ihm, er soll herkommen.« Dann wandte er sich Victoria zu: »Du bleibst bei Lily, bis ich zurück bin.«

Er streifte seine Bruno-Magli-Schuhe ab und tappte leise über die Decks der Dschunken, bis er zur *Peony* kam. Erst als er die Luke erreicht hatte und die Leiter schon ein Stück hinuntergeklettert war, merkte er, daß Victoria hinter ihm war. Er wollte sie gerade zurückschicken, als er auf etwas trat. Er bückte sich, hob es auf und hatte eine Packung Zigaretten in der Hand, an der mit Gummiband ein Plastikfeuerzeug befestigt war. Beides gehörte Onkel. Eddie stieg die Leiter wieder hinauf, griff in eine Werkzeugkiste und holte ein rostiges Beil heraus. Er begann wieder in den Laderaum zu klettern, Victoria dicht hinter ihm. Nun hörte er japanische Stimmen, sah den Lichtstrahl mehrerer Taschenlampen auf dem Beutegut ruhen. Getrieben von seiner Sorge um Onkel, stürmte Eddie unbesonnen die Leiter hinunter.

Als er am Rande seines Gesichtsfelds eine Bewegung sah, war es bereits zu spät. Einer der Yakuzas hatte ihn im Würgegriff, und er spürte, wie ihm die Luft abgeschnürt wurde. Eddie führte das Beil mit einer rückwärts gerichteten Bewegung nach oben und wurde mit einem furchtbaren Schrei belohnt, der von einem abgetrennten Glied kündete. Zu diesem Schrei gesellte sich nun ein zweiter, der mehrere Oktaven höher war. Victoria. Eddie fuhr herum, sah, wie der Yakuza, dessen rechter Unterarm an einem durchschnittenen Ellbogen baumelte, mit dem linken Arm Victoria umklammerte. Sie sah aus wie eine Wahnsinnige, bespritzt mit dem Blut aus der Schlagader des Mannes. Eddie holte abermals mit dem Beil aus und ließ es mit solcher Wucht auf dessen Nike-Air-Max-2-Laufschuhe sausen, daß die Zehen des Mannes abgehackt wurden und die Luft mit einem pneumatischen Pfeifen aus dem patentierten Luftkissen entwich. Der Mann stürzte von der Leiter, wobei er Victoria und Eddie mit sich riß. Ein weiterer Yakuza tauchte aus dem Dunkel auf, trat hinter Victoria, zog ihren Kopf bei den Haaren nach hinten und setzte ihr ein Messer an die Kehle. Eddie lag auf dem Boden, das Beil in der Hand.

»Beil fallenlassen! Sonst wir schneiden Kehle durch!« brüllte Taira.

Eddie schlug mit dem Beil zu, durchtrennte dem Mann die linke Achillessehne. Der Yakuza schrie auf, ging krachend zu Boden, versuchte dem auf dem Rücken liegenden Eddie das Beil zu entwinden. Von dem plötzlichen Adrenalinstoß wie narkotisiert, riß der Yakuza Eddie das Beil aus der Hand, hielt es in die Höhe und war im Begriff zuzuschlagen, als Eddie mit aller Kraft sein Handgelenk umklammerte. Taira, der mit Fug und Recht zu dem Schluß kam, daß die Situation außer Kontrolle geraten war, zog eine Neunmillimeter-Glock aus Plastik und gestanztem Stahl aus dem Hosenbund und ging auf Eddie zu, um ihm den Rest zu geben. In der Nähe kauerte Hada, ein gedemütigter und haßerfüllter Kunstexperte und wider Willen Zeuge des Gemetzels. Als Taira an ihm vorbeiging, streckte Hada den Fuß aus und brachte den schwergebauten Mann aus Okinawa zu Fall. Da Hada eine Todesangst vor Schußwaffen hatte, tat er das Zweitbeste. Er beförderte die Waffe mit einem Tritt in Victorias Richtung. Durch ungezählte Exekutionen im Fernsehen von Kindesbeinen an konditioniert, hob sie die

Waffe auf, hielt sie professionell mit beiden Händen fest, trat dicht an den Mann heran, der Eddie bedrohte, setzte ihm die Waffe an die Stirn und drückte sorgfältig ab.

Ein Sprühregen aus Blut, Gehirn und Knochensplittern verteilte sich im Laderaum.

Eddies Überlebensinstinkt regte sich. Er packte Victoria, die mit den Zähnen zu klappern begann, und zerrte sie die Leiter hinauf, an Deck, über die Decks der benachbarten Dschunken, bis zum Kai.

Tairas Überlebensinstinkt war ebenfalls recht rege. Er betrachtete seine Leute; wer nicht bereits tot war, verströmte sein Blut in die Bilge. Nur der katatonische Hada war noch da. Taira packte ihn, als wäre er eine Puppe, brachte ihn an Deck und warf ihn über die Rettungsleinen. Er sprang ihm in das schwarze Wasser nach, nicht um ihn zu retten, wie Hada glaubte, sondern um sicherzustellen, daß sich seine Lungen mit dem verschmutzten Wasser der Bucht füllten, um so den einzigen Zeugen eines total verpfuschten Auftrags zu beseitigen.

Wai Joi stand mit dem Lieferwagen am Kai. Er hatte zwei loyale Hakka mitgebracht. Diese sollten an Bord der *Peony* gehen, mit ihr ein Stück hinausfahren und, sobald sie auf See waren, den ganzen Abschaum über Bord kippen.

## XV

Der Wäschewagen verließ den Hafen und fuhr Richtung Cross Harbour Tunnel; am Steuer Wai Joi, neben ihm Lily. Hinter ihnen, auf der anderen Seite der Trennwand, saßen Victoria und Eddie. Genau wie am Vormittag fanden sie sich auf Stapeln von schmutzigen Bettlaken und Tischdecken voller Sojasaucenflecken wieder. Die Ähnlichkeit der Situation setzte tief hinten in Victorias Kopf eine Zeitlupenwiederholung in Gang. Sie blickte auf ihre Schuhe, die plötzlich vom weißlichen Licht einer Straßenlaterne hervorgehoben wurden. Sie sah das geronnene Blut – keine roten Pünktchen wie am Morgen. Wie durch einen Nebel begriff sie, daß Zeit und Ort anders waren. Wieder warfen die Straßenlampen ihr Schwarzweißmuster in den dunklen Lieferwagen. Wie in einem Kaleidoskop sah sie abwechselnd, daß ihre Hosen, ihre Beine, ihr Oberteil blutgetränkt waren. Sie begann zu würgen. Eddie sah ihre Reaktion, wickelte ein Laken um sie und half ihr, sich auszuziehen. Als ihm dabei sein eigener Zustand bewußt wurde, riß er sich die Jacke herunter, knöpfte das Hemd auf. Victoria brach in einen Rosenkranz von Selbstanklagen aus. »O mein Gott, ich habe getötet, o mein Gott, ich habe getötet, o Gott!« Er nahm sie in die Arme, strich ihr über das Haar, wollte ihr beruhigende Worte ins Ohr flüstern, doch sein Englisch ließ ihn im Stich. Verzweifelt suchte er nach den richtigen Worten, und da er sie nicht fand, küßte er ihr Gesicht, ihren Nacken, erst sanft, dann immer leidenschaftlicher. Sie spürte, wie ihre Unterlippe zwischen seine Zähne gezogen wurde, daß das Laken abgenommen wurde. Er weidete sich an dem weißen Körper, dem lockenden roten Moos. Der Tau fiel, und die Päonie öffnete sich. Sie schlang die Beine um ihn, wölbte schon bald den Rücken. Auch er kam zum *gou chiu*, dem Höhepunkt der Flut, und dann entspannte sie sich in seinen Armen. Plötzlich lachte sie laut. Eddie sah sie besorgt an. Sie strich ihm die schweißnassen Haare hinter die Ohren. »Ich wußte, daß du mich auf den schmutzigen Laken vögeln würdest«, sagte sie. »Ich habe mich nur um zwölf Stunden verschätzt.« Sie drehte den Kopf zur Seite und fiel in tiefen Schlaf.

## XVI

Im 11. Stock des Holiday Inn war eine Besprechung im Gange. Es war vier Uhr morgens. Gonda Ichiro-san, der Morita-Gumi-Boß, den wir bereits aus dem Kurort Atami kennen, saß im Schneidersitz auf dem Bett, seinen Bambusstock neben sich. Er trug nur Unterwäsche. Nicht, daß er in ihr schlief, denn er war ein äußerst penibler Mensch, sondern weil er der Generation von Japanern angehörte, die Unterwäsche als bequeme und korrekte Kleidung betrachteten, in der man Freunde empfing und in der Halle traditioneller Hotels ein Schwätzchen hielt. Vor ihm auf dem Boden saß Taira, in dunklem Anzug und weißem Hemd. Die Schuhe hatte er an der Tür abgestellt. Er hatte sich nicht bis auf die Unterwäsche ausgezogen, weil es sich hier eindeutig weder um ein Treffen zwischen Ebenbürtigen handelte noch um einen gesellschaftlichen Anlaß. Das war schon am Klang von Gondas Stimme zu erkennen, die voller Verachtung und kaum gezügelter Wut war. »Du hast also alle deine Männer durch einen chinesischen Wäscher und eine hysterische Amerikanerin verloren!« Als Antwort ließ Taira den Kopf einige Zentimeter tiefer sinken. »Was ist mit Professor Hada?«

wollte Gonda wissen. »Ist er wieder in seinem Hotel?«

Tairas Kopf sank noch einige Zentimeter tiefer herab. Er legte die Hände flach auf den Boden. »Ich habe versucht, ihn zu retten, aber ich glaube, er ist ertrunken«, krächzte Taira.

»Hada-san ertrunken?« Gonda konnte es nicht glauben. »Der Mann ist ein Nationalheiligtum! Er hält Vorlesungen an der Waseda-Universität! Er kauft Kunstwerke für den kaiserlichen Hof!« flüsterte er ehrfürchtig.

Taira legte die Stirn auf den Boden. »Noch bevor der Tag zu Ende ist, werde ich *seppuku* begehen.«

Alles andere als besänftigt bellte Gonda: »Das verbiete ich! Sich den Bauch aufzuschlitzen ist ein ehrenvoller Abgang. Für einen Stümper wie dich kommt das nicht in Frage. Ich werde die Organisation um neue Männer bitten. Mit denen wirst du die *Peony* und die Antiquitäten finden.« Er nahm seinen Bambusstock, legte die Spitze unter Tairas Kinn und drückte es hoch, bis sie sich Auge in Auge gegenüber waren. »Falls du wieder versagst, werde ich dich persönlich töten!«

Taira beeilte sich, jene Formel zu benutzen, die er selbst Hada aufgezwungen hatte. Er legte die Hände, Innenseite an Innenseite, zusammen und sagte mit wachsender Inbrunst: »*Yurushite kudasai.* Bitte verzeiht mir.«

Gonda war nicht beeindruckt. »Nach Beendigung der ›Operation Dachs‹ erwarte ich von dir ein Zeichen der Reue. Ein bedeutsames Zeichen«, ergänzte er. Taira verspürte plötzlich das dringende Bedürfnis, seine Blase zu entleeren. Er blickte hinunter auf seine rechte Hand, die wieder flach vor ihm auf dem Boden lag. Die ersten zwei Glieder des kleinen Fingers fehlten bereits.

## XVII

Als Eddie Lim aufwachte, sah er Victorias Gestalt neben sich unter dem Laken. Tatsächlich lag sie genau so da wie am Vortag die kleine Chinesin. Eddie verwarf den Vergleich, zündete sich dann, darauf bedacht, Victoria nicht zu wecken, eine Zigarette an, tat einen tiefen Zug und studierte ihr Gesicht. Das rote Haar ergoß sich über das Kissen; überraschenderweise waren die Wimpern ebenfalls rot. Er beobachtete die leichte Bewegung der Augäpfel hinter den geschlossenen Lidern; wie er gelesen hatte, wies dies darauf hin, daß sich der Schläfer mitten in einem Traum befand. Dann konzentrierte er sich auf ihren Mund, der ohne Lippenstift und vollendet geformt war, widerstand dem Verlangen, ihn mit seinem eigenen zu bedecken. Ihr Atem kam ruhig durch die Nase, und Eddie beugte sich über sie, um ihn in sich aufzunehmen, ihren Atem zu seinem zu machen. An ihrem Ohrläppchen klebte noch etwas getrocknetes Blut, das einzige Überbleibsel des Gemetzels vom Vorabend. Er wollte es ablecken, doch dann fiel ihm ein, daß es nicht ihr Blut war, sondern das eines mordlüsternen Yakuza. Er würde es später abwaschen, unauffällig, um nicht erneut ihre Angst und ihren Abscheu zu wecken. Behutsam hob er das Laken hoch, sah ihre kleinen Brüste mit den rosa Warzen. Er war nicht sicher, daß sie ihn erregten. Sie waren so farblos, daß sie mit dem umliegenden Fleisch verschmolzen. Aber er sagte sich, daß er nun einmal an die dunkleren Brustwarzen der Chinesinnen gewöhnt war. Er sah den üppigen roten Haarbusch, der die intime Päonie verbarg. Er wollte die Hand darauflegen, zog sie jedoch rasch wieder zurück. Er beschloß, den Genuß hinauszuschieben, so wie er es als Kind getan hatte. Damals hatte er immer zuerst den faden *jouhk*, die schleimige Reissuppe, gegessen und dann seine Willenskraft auf die Probe gestellt, indem er das süße, mit Bohnenpaste gefüllte Sesambrötchen auf dem Teller so lange aufhob, wie es nur ging. Daher zog er das Laken wieder über sie und tat einen tiefen Zug an seiner Marlboro.

Victoria spürte, daß sie betrachtet – vermutlich eher bewundert – wurde und beschloß, in der wohligen Wärme des Halbschlafs zu verharren und die Ereignisse des Vorabends Revue passieren zu lassen.

Zunächst der Ärger über Otis' Treuebruch, ein Ärger, der sich auch gegen sie selbst richtete. Mit seinem versteckten Hinweis auf eine Versöhnung hatte Otis sie wieder einmal hereingelegt und dann keine Zeit verloren, in einem Badehaus die Gesellschaft von Masseusen zu suchen – ein therapeutischer Euphemismus für Prostituierte. Mit einer etwas merkwürdigen Logik sagte sie sich, daß sie sich sogar schon *vor* dem Fehltritt ihres Mannes gerächt hatte, indem sie mit Eduardo, oder Eddie, wie er sich zu nennen beliebte, geschlafen hatte. Sie sah darin eine Art ausgleichende Gerechtigkeit, und sie hatte dabei die Schuhe angehabt, den Rock bis zur Taille hochgeschoben. Sie gestand sich ein, daß sie es genossen hatte, es auf die billige erotische Tour zu tun wie die Frauen, die in Strapsgürteln und Fesselriemchen-Pumps vögelten. Und sie hatte einen Mann getötet, allerdings. Sie wußte, daß der Mann Abschaum gewesen war, daß er ihr die Kehle durchgeschnitten hätte, daß sie auch Eddie getötet hätten. Sie kam aus einem Milieu, in dem man bei Eiseskälte segeln ging; in dem Mädchen Hockey und Lacrosse spielten; in dem Mädchen während der Sommerferien auf Reiterhöfen in Virginia Fohlen auf die Welt halfen. Es war eine Welt, in der Wehleidigkeit und Ohnmachtsanfälle keinesfalls begünstigt wurden. Aber mit anzusehen, wie sich vor ihren Augen der Kopf eines Mannes in nichts auflöste, zu spüren, wie das warme Blut auf sie spritzte, darauf war sie nicht vorbereitet gewesen. Im Lieferwagen der Wäscherei zu bumsen war eine unglaubliche Befreiung gewesen; in ihrem ganzen Leben hatte sie das noch nie so intensiv und so lustvoll empfunden. Dann fiel ihr Lily ein. Lily hatte ihr eine Handvoll winziger Pillen gegeben, die sie schlucken sollte; etwas, um Yin und Yang in Einklang zu bringen, das Gleichgewicht wiederherzustellen, hatte sie gesagt. Es war Jinbuhuan, ein starkes Sedativum, das in Kräuterläden erhältlich ist. In der pragmatischen Manier der Chinesen waren die pharmakologischen Hinweise kurz und bündig:

> Dieses Mittel hilft bei Schmerzen, Krämpfen und Schlaflosigkeit. Hervorragend geeignet bei nervösen Leiden und geschrumpfter Gebärmutter etc.
> Stets mit abgekochtem Wasser einzunehmen.
> Kwangsi Pharmaceutical Manufactory.

Sie hatte ein plötzliches Gefühl der Euphorie verspürt. Sie erinnerte sich, daß Lily sie ausgezogen hatte, mit ihr unter die Dusche gegangen war, ihr das Haar schamponiert, das Blut abgewaschen hatte. Hatte Lily sie auf den Mund geküßt? Hatte sie sie berührt? Victoria war sich nicht sicher, es war so viel passiert. Eines aber wußte sie genau. In den vierundzwanzig Stunden, die sie in Hongkong verbracht hatte, war sie zum Gegenstand sexueller Begierde geworden. Eddie hatte sie wieder und wieder besessen, und seine Nähe sagte ihr, daß er abermals bereit war. Lily hatte ihre Absichten in der Garderobe des Roten Lotos klar erkennen lassen und sie unter der Dusche vermutlich weiterverfolgt.

Victoria gestand sich ein, daß es ein berauschendes Gefühl war, derart begehrt zu werden. Sie war jetzt einunddreißig, und ihr Sexualleben war nicht gerade umwerfend gewesen. Ihre Liebschaften am College waren meist unbeholfene Begegnungen gewesen, oft unter Alkoholeinfluß. Vorzeitiger Samenerguß der übereifrigen Verehrer und zurückhaltende Frigidität ihrerseits waren nicht darauf angelegt, die Erde beben zu lassen. Die einzige befriedigende sexuelle Vereinigung hatte sie mit einem Freund ihres Vaters erlebt, einem fünfzigjährigen Börsenmakler. Diese Affäre wurde durch eine Koronarthrombose beendet, die ihn am siebten Loch des Everglades Country Clubs in Palm Beach dahinraffte. Victoria konnte nicht wissen, daß er, nachdem er aus dem Golfwägelchen gestürzt war, in die strahlende Sonne blickte und ihr Gesicht in Nahaufnahme vor sich sah. Ihre Lippen bewegten sich. Das letzte, was er hörte, waren Victorias Worte: »O Harry, ich glaube, es kommt mir schon wieder.«

Nach den anfänglichen ehelichen Freuden mit Otis war Sex voraussagbar geworden und dann nur noch schubweise vorgekommen, unterbrochen von seinen Affären. Sie hatte von seiner Liaison mit der Empfangsdame ihres italienischen Lieblingslokals erfahren; hatte von dem dänischen Au-pair-Mädchen gehört, das er im Fahrstuhl des Chatsworth kennengelernt hatte. Victorias Methode, mit seinen Seitensprüngen fertig zu werden, hatte darin bestanden, dieses Thema ganz weit hinten in ihrer Psyche auf Eis zu legen.

Eddie drückte die Zigarette aus und ließ sich in die Kissen sinken. Er fragte sich, was für eine Frau sie war. Natürlich war sie schamlos wie alle weißen Frauen. Wie ein Flittchen hatte sie mit ihm im Lieferwagen gevögelt, hatte ihn in die Schulter gebissen und Lustschreie ausgestoßen ohne Rücksicht auf Wai Joi oder Lily, die auf der anderen Seite der Trennwand saßen. Da sie eine *gwaipo* war, fehlte ihr schlicht die sittsame Zurückhaltung chinesischer Frauen. Er wußte natürlich, daß dies keineswegs den Tatsachen entsprach; es wurde von asiatischen Männern einfach behauptet, weil die weiße Päonie so unerreichbar war. Auch seine eigenen Erfahrungen mit Europäerinnen waren begrenzt. Es waren nur zwei gewesen, um genau zu sein. Die erste war eine schwedische Touristin Ende Dreißig, die er in der Bar des Hilton kennengelernt hatte. Er hatte ihr ein halbes Dutzend Aquavit spendiert; sie hatte sich dafür revanchiert, indem sie sich im Bett erbrach, noch bevor die Sache richtig gelaufen war. Die zweite war eine zierliche Amerikanerin gewesen, die er zu sich nach Hause mitgenommen hatte. Nachdem er sie dann ausgezogen hatte, war sie in Tränen ausgebrochen und hatte ihm eröffnet, sie sei verheiratet, Mutter eines kleinen Jungen und würde sich das nie verzeihen; daß sie in anflehe, Achtung vor ihr zu haben. Er war versucht gewesen, ihr ins Gesicht zu schlagen und sie zu brutalem und entwürdigendem Sex zu zwingen. Aber als er den verschmierten Lippenstift sah, das zerlaufene Augen-

Make-up auf ihren Wangen, den auf der einen Seite ausgestopften Büstenhalter, da war ihm die ganze Lust vergangen, und er hatte ein Taxi gerufen. Doch diese Victoria war anders. Sie war nicht nur intelligent und bildschön, sondern auch couragiert. Sie hatte ihm das Leben gerettet! Als sie endlich die Augen aufschlug, legte er den Kopf neben ihr auf das Kissen und sagte leise: »Du hast mir das Leben gerettet.«

Victoria nickte und sagte: »Nach alter chinesischer Tradition stehst du jetzt in meiner Schuld. Ich kann von dir verlangen, was ich will.«

»Falls dir nichts einfallen sollte«, sagte Eddie, »hätte ich da schon eine Idee.«

## XVIII

Das Gerichtsmedizinische Institut von Hongkong weist die gleichen Eigenarten auf wie alle Institute dieser Art: den überwältigenden Geruch von Formaldehyd und Desinfektionsmitteln, die keineswegs böswillige Abgestumpftheit der Mediziner und Helfer, die mit den Leichen zu tun haben. Randvoll mit Lebern, Lungen und Därmen gefüllte Edelstahlschüsseln sind auch hier kein Hindernis für einen gemütlichen Imbiß im Seziersaal. Coca-Cola-Dosen und Bierflaschen, die neben den Leichen in den Kühlschubladen aufbewahrt werden, stören keinen.

Superintendent Ivor Braddock und Dr. Winston Hoo, der leitende Pathologe, sahen sich mit Big Macs und Pommes frites von McDonald's konfrontiert, die noch in ihren weißen Plastiknestern lagen. Braddock betrachtete mit Abscheu das schlachtschiffgraue Fleisch, den scheußlichen gelben Käse. »Das sieht ja widerlich aus, Winston«, sagte Braddock. »Sie hätten lieber Nudeln holen lassen sollen.«

»Seien Sie nicht so spießig«, sagte Hoo. »Als ich letztes Jahr in Amerika war, habe ich im Fernsehen einen Werbespot gesehen. Darin hieß es, daß ein Big

Mac eine ausgewogene Mahlzeit ist und alle wichtigen Nährstoffe abdeckt. Protein, Kohlehydrate, Kalium und Ballaststoffe. Ein Hamburger mit Pommes frites, *French fries*, wie die Yankees sie nennen, und einer großen Coke wird als ideale Ernährung für Schulkinder empfohlen.«

Braddock blickte in das ernste Gesicht mit der Hornbrille, konnte aber nicht erkennen, ob er auf den Arm genommen wurde. »Das ist doch ausgemachter Blödsinn. Genausogut könnte man ein Pfund Talg verspeisen. Das Ding besteht zu sechzig Prozent aus Hackfleisch zweifelhafter Herkunft und vierzig Prozent Rinderfett, das aus Paraguay oder einem ähnlich herrlichen Land importiert wurde. Das Ganze wird verrührt, und heraus kommt eine Kalorienbombe.«

Dr. Hoo konnte sich nicht mehr beherrschen und lachte. »Sind Sie sicher, daß Sie nicht für Burger King arbeiten?« Sie machten sich über ihre Hamburger her. Braddock kam zu dem Schluß, daß sie gar nicht so übel waren. Dr. Hoo beobachtete ihn voller Zufriedenheit. »Lassen Sie es sich schmecken«, sagte er. »Wenn wir die Leichensäcke öffnen, werden Sie feststellen, daß die Hamburger rauf wie runter schmecken.« Während Dr. Hoo Ketchup über die letzten Pommes frites schüttete, rief er seinen Gehilfen zu: »Bringen Sie die Herren aus Japan und unseren alten Seefahrer her.«

Fünf Tragbahren auf Rädern wurden an den Edelstahltisch mit seiner ominösen Abflußrinne gerollt.

Sobald die erste Leiche auf dem Tisch lag, steckten sich die beiden Männer Zigaretten an, inhalierten und exhalierten im Vertrauen darauf, daß das Miasma des Tabaks die Luft benebelte. »Schußwaffentrauma«, sagte Dr. Hoo. Er deutete mit der Zigarette auf ein rundes Einschußloch mit Schmauchspuren an den glatten Rändern. »Genau zwischen den Augen. Sauberer Einschuß vorne. Mal sehen, wie es hinten ausschaut.« Er drehte die Leiche auf die Seite. Anstelle des Hinterkopfes tat sich ein klaffendes Loch vor ihnen auf. »Der Täter«, sagte Dr. Hoo und lächelte über den bürokratischen Terminus, »hat den okzipitalen Bereich des Schädels weggeschossen.«

»Nach den Tätowierungen zu schließen, haben wir es mit einem Yakuza zu tun; so etwas hat kein anständiger Japaner«, meinte Braddock.

»Exzellente Arbeit«, sagte Hoo und strich mit der behandschuhten Hand liebevoll über den Brustkorb des Mannes. »Warten Sie, bis Sie die anderen sehen.« Er ging zur nächsten Tragbahre, schlug das Laken zurück und deutete auf den rechten Fuß des Mannes. »Das war kein Hai. Zu glatt. Irgend etwas hat den Fußrücken getroffen, die Zehen abgetrennt und die distalen Bereiche des Mittelfußknochens durchschnitten.« Er deutete auf den Rumpf des Mannes. Hier sah die Sache nicht viel besser aus. Außer den Zehen hatte der Mann auch den rechten Unterarm eingebüßt. Knochensplitter schauten heraus. »Ebenfalls zu glatt für einen Haifisch-Biß«, meinte der Pathologe. »Ein scharfer Gegenstand hat den rechten Unterarm genau im Ellbogengelenk abgetrennt, so daß sich der Trizeps in den Oberarm zurückgezogen hat.« Er deutete auf die entsprechende Stelle seines eigenen Arms. »Der Trizeps liegt hier, hier hinten«, erläuterte er. Er ging zur nächsten Tragbahre. Der ebenfalls kunstvoll tätowierte Mann war wachsbleich. Dr. Hoo deutete auf den linken Fuß. »Wieder ein Beilhieb. Mitten durch die Achillessehne. Hat die hintere Schienbeinarterie durchtrennt. Der Scheißkerl ist verblutet.«

»Dieses ganze Drauflosgehacke erinnert mich daran, was ich über die Tong-Kriege gelesen habe. Das Beil war nicht nur in San Francisco die Lieblingswaffe, sondern auch bei uns zu Hause in Limehouse«, sagte Braddock.

»Wieso auch nicht«, sagte Dr. Hoo. »Die Tongs waren allesamt Kantonesen, wir sind also im richtigen Teil der Welt.« Er beugte sich abermals über den Rumpf, um die Tätowierungen zu bewundern. »Diese Tätowierungen sind absolut einmalig, Braddock. Sehen Sie sich nur einmal die Chrysanthemen an, die Flügelfedern des Reihers. Betrachten Sie die verzerrten Gesichtszüge des Samurais. Das könnte direkt ein Sharaku sein.«

Braddock bewunderte zusammen mit Hoo den Tiger auf dem Rücken des ersten Mannes. Die Detailarbeit war überwältigend. »So etwas muß Monate dauern. Und wie viele Tätowierer können das heute noch, selbst in Japan?« staunte Braddock.

Hoo deutete auf die chinesischen Schriftzeichen auf der Schulter des Yakuza. »Der Künstler war auch ein hervorragender Kalligraph; die Strichführung ist einfach großartig.«

In typisch asiatischer Manier malte er die Zeichen mit dem Zeigefinger der einen Hand auf der Handfläche der anderen nach. Daß die Chinesen und Japaner die unsichtbaren Schriftzeichen anhand der Strichführung lesen können, hatte Braddock immer wieder in Erstaunen versetzt.

»Sie sprechen so gut Kantonesisch; ich vergesse ständig, daß Sie es nicht lesen können. Sie lassen sich da etwas entgehen. Nehmen Sie sich einen Lehrer, einen guten Kalligraphen. Das bringt Ihnen mehr, als immer nur Ihren Magen zum Abgott zu machen«, sagte Hoo. Braddock nahm den Vorwurf mit gespielter Zerknirschung auf. »Leider werden das wohl die letzten Exemplare dieser so detailfreudigen und zarten Kunst sein,« fuhr Hoo fort. »Ein computergesteuertes Japan wird nicht mehr viele Künstler dieser Art hervorbringen. Und die Tätowierungen aus dem Westen sind sehr primitiv. Ein Herz mit dem Schriftzug ›Mutter‹ hat nicht die gleiche Klasse. Wenn ich die Leichen für die Tokioter Polizei fotografiert habe, wird es mich bestimmt reizen, die Epidermis zu retten, sie für mein Arbeitszimmer rahmen zu lassen.«

Braddock blickte auf, sah, daß Hoo keineswegs scherzte. »Davon würde ich Ihnen abraten, Winston.

Ich habe von einer Ilse Koch gelesen, die im Zweiten Weltkrieg Aufseherin in einem Kozentrationslager war. Sie hat Lampenschirme aus der tätowierten Haut ihrer Opfer gemacht. Ich glaube, sie wurde von einem Militärtribunal zum Tod durch den Strang verurteilt. Jedenfalls glaube ich nicht, daß es Ihrer Karriere förderlich wäre.«

»Vermutlich haben Sie recht«, sagte Hoo. »Obwohl das vielleicht die letzte Chance ist, an interessante Exemplare zu kommen. Wenn 1997 der Große Bruder den Laden übernimmt, wird die Zahl der Verbrechen schlagartig zurückgehen. Öffentliche Hinrichtungen – Genickschuß – werden Drogenhändler, Vergewaltiger, Bankräuber und den ganzen Abschaum, mit dem Sie es zu tun haben, nachhaltig abschrecken.«

»Zum Glück bin ich dann längst wieder in England«, sagte Braddock. »Die Taschendiebe, Straßenmädchen und Kleinkriminellen werden mir fehlen. Sie sind Menschen; genau wie wir. Ich habe viel von ihnen gelernt. Ich möchte wissen, was ich täte, wenn *ich* keinen Platz zum Schlafen hätte.«

Hoo, der seine medizinische Ausbildung in England erhalten hatte, staunte noch immer über die Komplexität der englischen Seele, empfand noch immer widerwilligen Respekt für Englands Toleranz gegenüber seinen Exzentrikern. Ein Land, in dem sich ein Polizist mit Kriminellen identifiziert; ein Land, in dem Kommunisten die Monarchie befürworten; ein Land, in dem Träger hoher Tapferkeitsauszeichnungen sich für Wehrdienstverweigerer einsetzen; ein Land, in dem Männer ihre Hunde mehr lieben als ihre Frauen und Kinder; ein Land von Ornithologen und barbarischen Mördern. Er selbst bevorzugte die konfuzianische Zucht Chinas, wo Vorschriften und moralische Normen von oben kamen und unten Gehorsam und Konformität herrschten. Aber er hatte Braddock ausgesprochen gern, arbeitete seit Jahren mit ihm zusammen; und nicht zuletzt schätzte er Braddock wegen seiner Kantonesischkenntnisse und seiner absoluten Akzeptanz chinesischer Sitten und Gebräuche. Er beschloß, Braddocks unorthodoxen Ansichten nicht zu widersprechen, und kam wieder zur Sache.

»Zwei weitere Exemplare«, sagte er. Er riß das Laken von einer asiatischen Leiche weg. Einer Leiche ohne Tätowierungen und ohne Körperhaar, abgesehen von der spärlichen Behaarung im Genitalbereich. »Ein Japaner, schätzungsweise fünfundvierzig Jahre alt; leichte Quetschungen im Hals- und Schulterbereich. Der Mann wurde eindeutig ertränkt.«

»Sind Sie sicher, daß das ein Japaner ist?« fragte Braddock.

»Ja, aufgrund der Zähne und der persönlichen Beobachtungen von Dr. Hoo«, sagte der Pathologe.

»Würden Sie diese geheimnisvollen Beobachtungen wohl mit mir teilen?« fragte Braddock.

»Im Laufe der Jahre habe ich bei Japanern einen Mangel an Behaarung, einen verkürzten Unterarm und eine besondere Form der Fingernägel beobachtet«, sagte Hoo. Braddock schien nicht überzeugt zu sein. »Wenn wir den Mageninhalt untersuchen, werden wir sehen, ob er *gwong dong jaa gai* auf kantonesische Art enthält oder das in Nippon so beliebte *oyako domburi.* Das sollte die Sache klären.« Winston Hoo gluckste, zufrieden mit sich.

Braddocks eigene Beoachtungen hatten ergeben, daß Pathologen ein besonderer Menschenschlag waren, daß fast alle mit einem sarkastischen Sinn für Humor gewappnet waren, ihrem einzigen Schutz vor der grausigen Umgebung, in der sie arbeiteten. »Was ist mit der letzten Leiche?« wollte Braddock wissen.

»Der alte Seebär«, sagte Hoo und schob die Tragbahre unter die Deckenleuchte. Obwohl der alte Mann im Wasser gelegen hatte, war sein Gesicht noch immer ledrig braun und unglaublich runzelig. »Dieser alte Knabe wurde durch einen heftigen Schlag ins Genick getötet, wahrscheinlich Judo oder Hapkido; hat ihm die Halswirbel gebrochen, das Rückenmark durchtrennt.« Hoo öffnete behutsam die Hand des alten Mannes, die sich zu einer geballten Faust zusammengezogen hatte. Daumen und Zeigefinger waren gelb von Nikotin. Hoo deutete auf die Handfläche. »Er hat sein Leben lang mit Leinen und Kabeltauen hantiert.« Hoo hob vorsichtig das eine Bein an und deutete auf den Fuß. »Die Zehennägel und die Fußsohle sind teerverkrustet. Ein alter Seemann, der einen besseren Tod verdient hätte.« Er legte den Fuß sachte zurück. »Jetzt habe ich meinerseits eine Frage«, sagte Hoo. »Für alle Leichen kommt ganz offensichtlich derselbe Tatort in Betracht. Wie kommt es, daß alle geborgen wurden? Es werden ja wohl kaum noch mehr davon draußen herumschwimmen.«

»Eine ruhige See; ein aufmerksames Patrouillenboot. Die Arbeit der Wasserschutzpolizei ist nicht mein Metier. Ich werde Senior Inspector Lee mit dem Fall betrauen. Wahrscheinlich komme ich morgen vormittag noch einmal vorbei. Danke, Winston.« Braddock wandte sich zum Gehen.

»Wollen wir miteinander zu Abend essen? *Gwong dong jaa gai* oder *oyako donburi*?« fragte Hoo kichernd.

»Bloß nicht!« sagte Braddock und war zur Tür hinaus.

## XIX

Eddie saß vor dem Spiegel, der die Zahl der jungen Frauen, die ihn bedienten, verdoppelte. Nach westlichen Maßstäben war dies eine ziemliche Übung in Genußsucht. In Asien, wo die schiere Anzahl junger Frauen den Markt überschwemmt, war es nichts weiter Ungewöhnliches.

Das Mädchen, das hinter ihm stand, massierte seine Nacken- und Schultermuskeln; das Mädchen zu seiner Linken polierte seine Fingernägel; ihr Gegenüber hatte ihre Finger mit seinen verschränkt und drückte seine Hand nach hinten, um die Sehnen zu dehnen. Ein weiteres Mädchen hockte links von ihm auf dem Boden. Sie wartete darauf, ihm Tee nachzuschenken und Zigaretten anzuzünden. Da sie mit gespreizten Knien dasaß, war die Innenseite ihrer Schenkel zu sehen, der mit roten Herzchen gemusterte Slip, gegen den ihre rundliche Scham drückte. Obwohl das Herz in China keinerlei Liebessymbolik besitzt, hatte westlicher Kitsch es bereits auf Karten zum Valentinstag, in Cartoons und auf Schokoladenpapier eingeführt. In ihrem Fall, dachte Eddie, waren die Herzchen angebracht. Ihre Jadepforte hatte sich ihm schon mehrfach aufgetan.

Eddie verfolgte die wohltuende Bedienung durch halbgeschlossene Lider. Es war ein wöchentliches Ritual, sich die Haare schneiden, waschen, fönen und anschließend zu glänzendem Onyx sprayen zu lassen. Eddie genoß diese Ausflüge. Von so vielen Frauen umgeben zu sein, hatte etwas ungemein Erotisches. Der Duft der ganzen Haarsprays, Shampoos, Festiger, Cremes, Lotionen, Salben und Nagellacke; die Körperwärme, die die Mädchen ausstrahlten; ihre intimen Düfte; allein die Anwesenheit all dieser buschigen *yam bous,* die nur unvollkommen von den knappen Höschen bedeckt wurden; das Ganze war für ihn so stimulierend, als ob er ein Glas *gou-leuhng*-Wein mit zerstoßenem Antilopenhorn getrunken hätte. Hinzu kam, daß er mit einigen der Mädchen geschlafen hatte; daß sie sich miteinander bestimmt über den Sex mit ihm unterhalten hatten. Außerdem faßten sie sich ständig an; lachten, wisperten, tauschten offensichtlich geheime Gedanken aus, ganz in ihre eigene aufreizende weibliche Welt vertieft. Er spürte den plötzlichen Blutandrang in seinem *yeuhng geu.* Er schloß die Augen und dachte an Kit Yee, die Maniküre zu seiner Rechten, das Mädchen mit der unglaublich bewanderten Zunge und den geschickten Lippen; an Yin Yin, die Dünne zu seiner Linken, unersättlich und akrobatisch; und an Yuk Hing, die Hüterin der Teekanne, die beim *gou chiu,* dem Überfließen, unweigerlich in Tränen ausbrach. Diesmal kam noch ein weiteres erregendes Element hinzu –

die Tatsache, daß Victoria auf dem Stuhl neben ihm saß.

Ihr Haar war bereits gewaschen; Spülen und Festigen waren von einer Massage begleitet gewesen, die ihre Kopfhaut zum Prickeln brachte. Victoria bewunderte die Fingerfertigkeit der Friseuse, die in der einen Hand Haarfön und Kamm hielt, in der anderen die Bürste, und mit flinken Handbewegungen ihren unbändigen roten Schopf in ein funkelndes, seidiges Stück Kunst am Kopf verwandelte. Das Ganze hatte keine fünfzehn Minuten gedauert. In New York, dachte sie, war sie dazu verurteilt, eineinhalb Stunden auf dem Stuhl zu verbringen, ohne wohltuende Massage, und das Resultat war nicht annähernd so zufriedenstellend. Eddies Stimme riß sie aus ihrer Selbstbetrachtung im Spiegel.

»Möchtest du dir die Ohren säubern lassen? In Amerika macht man das nicht, stimmt's?«

Bevor Victoria antworten konnte, hatte die Kosmetikerin schon eine Reihe feiner Elfenbeingeräte parat gelegt. Sie hatte eines in die Hand genommen und war im Begriff, es in Victorias Ohr einzuführen, als Eddie etwas auf kantonesisch sagte, was die Mädchen zum Lachen brachte.

»Hast du etwas Schlimmes gesagt?« wollte Victoria wissen.

»Ich habe gesagt: ›Sei bitte vorsichtig, es ist das erste Mal für sie.‹«

Normalerweise hätte sie diese nicht gerade witzige Bemerkung übelgenommen, die auf ihre

Kosten gegenüber Fremden gemacht wurde. Doch sie stellte fest, daß sie Eddie in einer Art und Weise akzeptierte, die über die nicht einmal vierundzwanzig Stunden, die sie beide sich kannten, hinausging. Sie kam zu dem Schluß, daß sie sich bei ihm absolut sicher fühlte; daß er es ihr an eben diesem Morgen bewiesen hatte, als er ihren Atem einsog, etwas, das sie seltsam aufregend fand; und daß er sie trotz seiner sexuellen Erregung hatte weiterschlafen lassen; über sie gewacht hatte wie ein Tempellöwe, bis sie sich entschloß, ihn wahrzunehmen, indem sie die Augen öffnete. Sie blickte wieder in den Spiegel, sah das Stück Elfenbein beunruhigend tief in ihrem Ohr verschwinden. Sie spürte ein nicht unangenehmes Prickeln, ein leichtes Kitzeln hinten im Innenohr. Das Vergnügen wurde durch ein Element der Gefahr gesteigert, die Möglichkeit, daß das Instrument ihr das Trommelfell durchbohrte. Die ganze Prozedur, dieses Spiel mit dem Feuer, erschien ihr typisch asiatisch. Sie hatte gelesen, daß die Japaner Fugu essen, den Kugelfisch mit der hochgiftigen Leber. Obwohl dieses Organ chirurgisch entfernt wird, läuft der abenteuerlustige Gourmet immer Gefahr, einen Herzstillstand zu erleiden. Wahre Fugu-*aficionados* tauchen ihre Eßstäbchen in eine verdünnte Leberlösung, um das prickelnde Gefühl zu erleben, wie Lippen und Zunge taub werden.

Das Mädchen sprayte Victorias Haar und gab damit zu verstehen, daß die Sitzung beendet war. Victoria blickte hinüber zu Eddie und sah, daß das

Mädchen neben ihm auf dem Boden gerade eine Zigarette angezündet hatte und im Begriff war, sie Eddie zu reichen. Als sie Victorias Blick bemerkte, nahm sie die Zigarette noch einmal herausfordernd zwischen die Lippen, feuchtete sie lasziv mit flinker Zunge an und steckte sie Eddie in den Mund. Victoria sah peinlich berührt weg.

Das Mädchen spürte, daß es Oberwasser hatte, und wandte sich auf kantonesisch an Eddie. »Deine neue Mätresse da, ist das Haar auf ihrer *yam bou* genauso rot wie das auf ihrem Kopf?« Die anderen Mädchen, die mit einer Konfrontation rechneten, hoben erwartungsvoll die Köpfe.

Eddie spürte Zorn in sich aufsteigen, doch er beherrschte sich. »Ja, genauso rot«, sagte er. »Und wunderbar weich und wohlriechend. Es ist wie Seemoos; keine bärtige Miesmuschel wie deine, die riecht wie bei Ebbe.« Er warf eine Handvoll Geld auf den Glastisch, nahm Victoria beim Arm und führte sie hinaus auf die Straße. Er sah nur das gesponnene Gold in der Morgensonne; sein Zorn verflog. »Das Haar gewaschen mit duftenden Essenzen! Wie die Edelste aller Blüten!« dachte er.

»Und jetzt, Eddie?« fragte Victoria.

»Jetzt möchte ich, daß du meine Mutter kennenlernst.«

## XX

Als Eddie und Victoria an Bord des Tragflächenbootes nach Macao gingen, herrschte auf der *Peony VI* bereits reges Treiben. Unter Wai Jois Aufsicht wurden Reusen, Schlagnetze, Kabeltaue und salzverkrustete Sonnensegel von einer Dschunke abgeladen und rasch auf die oberen Decks der *Peony* geschafft. Über das Achterdeck wurde ein Strohdach gelegt, auf dem Vordeck wurden Matten aufgehängt und im Heck ein Propangasherd aufgestellt. Gleichzeitig ging von einer weiteren Dschunke aus eine Großfamilie an Bord. Wai Joi hatte sie perfekt zusammengestellt: zwei Großmütter, junge Frauen mit Säuglingen im Arm, ein blinder alter Mann mit Stock, kleine Buben mit einem Welpen, ein junger Mann, der einen Käfig voller Hühner trug, und drei wettergegerbte Männer in blauer Baumwolle.

Schon wenige Minuten später war der Herd angezündet, im Wok brutzelte Fisch, die jungen Frauen stillten ihre Kinder, die Buben spielten mit ihrem Hündchen, der alte Mann paffte seine Pfeife – schlagartig war eine zur See fahrende Familie entstanden. Um die Täuschung zu vervollständigen, machten die anderen Boote eine schmale Rinne frei, was der *Peony* gestattete, in der schützenden Masse der Wasserfahrzeuge aufzugehen.

Eine Stunde später, als das Tragflächenboot gerade die Mündung des Perlflusses erreichte, betrat Taira die Ankunftshalle des Kai-Tak-Flughafens. Er war gekommen, um das Kommando über die neuen Hilfskräfte aus Tokio zu übernehmen, die soeben durch die Sperre kamen. Die Verstärkungen waren so gut wie nicht von dem Quartett zu unterscheiden, das Dr. Hoos scharfes Skalpell bereits ausgeweidet und zerlegt hatte. Auch sie waren pomadisierte Schlägertypen in pastellfarbenen Anzügen und mit farbenfrohen Schlipsen. Sie stellten sich nebeneinander auf und verneigten sich synchron vor dem stämmigen Mann aus Okinawa. Taira ging voran und führte sie aus dem Flughafen zu dem gemieteten Toyota-Minibus. Er fuhr durch den Cross Harbour Tunnel, durchquerte die Insel Hongkong und steuerte dann geradewegs das Hafenbecken von Repulse Bay an. Er hatte kein einziges Wort zu den Männern gesagt. Er parkte den Wagen so, daß das ganze Panorama der Bucht ausgebreitet vor ihnen lag. Hunderte oder mehr scheinbar ähnliche Boote tanzten in der Dünung. Tairas Schweigen war den Männern unbehaglich; sie wußten nicht, was er von ihnen wollte. Einer der Soldaten brach das Schweigen: »Wann werden die Chinamädchen Gelegenheit haben, auf unseren *shakuhachi* zu spielen?« fragte er. Er bezog sich auf die klassische Bambusflöte, einem japanischen Euphemismus für Fellatio.

Das beifällige Gelächter der anderen Yakuzas wurde von Taira abrupt unterbrochen. »Eure Genossen sind tot, zu *tonkatsu* gehackt, und ihr könnt nur an euren armseligen *chimpo* denken. Nur etwas ist noch kleiner, und das ist euer Gehirn.« Ernüchtert grunzten die Männer »hoh«, um die schreckliche Nachricht zu verdauen, daß ihre Kollegen von einem chinesischen Hackbeil in kleine Schweinekoteletts zerlegt worden waren.

»Die Antiquitäten sind an Bord einer Dschunke, der *Peony VI*«, fuhr Taira fort. »Vermutlich liegt sie mitten unter den anderen dreckigen Booten da unten. Und es besteht keine Möglichkeit, an Bord zu kommen. Die Bootsbewohner würden es nie zulassen.«

Einer der Männer schlug vor: »Und wenn wir etwas Geld unter die Leute bringen? Ein paar Fragen stellen?«

»Die Chinesen verraten nichts«, sagte Taira. »Schon gar nicht Japanern. Vielleicht können sie den Überfall auf Nanking nicht vergessen.«

Trotz des ausgezeichneten Unterrichts an japanischen Schulen wurde diese Anspielung auf die Greuel, die vor dem Zweiten Weltkrieg von der japanischen Armee an der Zivilbevölkerung von Nanking begangen wurden, von den Männern nicht verstanden. Der Einmarsch in die Mandschurei, in Nordchina, der Angriff auf Pearl Harbor, der

Todesmarsch von Bataan waren von den Akademikern im Erziehungsministerium zielstrebig unter den Tatami gekehrt worden.

»Und was machen wir jetzt, Taira-san?« fragte einer der Männer.

»Ihr müßt Eddie Lim oder die rothaarige *suke* finden, die bei ihm ist.« Taira benutzte den abfälligen Yakuza-Ausdruck für ›Frau‹. »Dann können wir vielleicht da den Hebel ansetzen und müssen nicht erst das Boot finden.« Taira drehte sich auf dem Fahrersitz um und sah die Männer hinter ihm an. »Gonda-san hat angekündigt, falls wir keinen Erfolg haben, wird die Vergeltung schrecklich sein.« Die Blicke der Männer wanderten automatisch zu ihren Fingerspitzen; dann hoben sie rasch wieder die Köpfe, als wollten sie diese grausige Vorstellung verscheuchen.

Braddock und Senior Inspector Lee betraten das Gerichtsmedizinische Institut von Hongkong, als das Tragflächenboot in den Äußeren Hafen von Macao glitt. Dr. Winston Hoo, stets gastfreundlich, zog eine seiner Kühlschubladen auf und kam mit drei Riesendosen Foster's Australian Lager zurück. Obwohl Braddock und Inspector Lee ihr *dim sum*, oder zweites Frühstück, bis nach dem Besuch in der Gerichtsmedizin aufgeschoben hatten, war das kalte Bier ein hervorragendes Mittel gegen die saunaartige Hitze, die draußen herrschte. Auf Braddocks Bitte hin ließ Dr. Hoo Onkels Leiche holen. Inspector Lee musterte eingehend das wettergegerbte

Gesicht, strich mit den Fingern über die schwieligen Hände, die abgebrochenen Fingernägel und befühlte die teerverkrusteten Zehen und Fußsohlen. »Er hat ein sympathisches Gesicht«, sagte Lee. »Sogar im Tod. Es kommt mir vor, als hätte ich ihn schon immer gekannt.« Dann wurde er wieder sachlich. »Haben Sie Fotos für mich? Eine gute Aufnahme des Kopfes?« Hoo gab ihm das Gewünschte. »Ich habe Freunde in der Hafengegend«, fuhr Lee fort. »Hier, in Kowloon, in den Territories, auf den äußeren Inseln. Ich kümmere mich darum.«

Braddock trank sein Bier aus und sagte zu Hoo: »Winston, zeigen Sie Inspector Lee doch die Yakuzas. Vielleicht entdeckt er etwas, das wir übersehen haben.«

Der Pathologe war nur für einen Augenblick verlegen. »Tut mir leid, aber das geht nicht. Sie sind derzeit nicht vorzeigbar.«

»Herrje!« sagte Braddock. »Nicht vorzeigbar? Wollen wir sie vielleicht zum Tee beim Gouverneur mitnehmen?« Dann dämmerte es ihm. »Winston – die Tätowierungen. Sie haben doch nicht –«

Dr. Hoo schob mit seinem entwaffnendsten Lächeln die Brille auf die Stirn. »Es ist nicht so schlimm, wie Sie denken, Braddock. Ich habe bei der Tokioter Polizei angefragt, was mit den Leichen geschehen soll. Dort wollte man nicht, daß sie nach Japan überführt werden. Meine prächtigen Polaroidaufnahmen genügten ihnen vollkommen.« Sein Lächeln wurde breiter. »Sie sagten, ich könnte über die Yakuzas verfügen. Natürlich habe ich einen Burschen vom japanischen Konsulat herkommen und *sayonara* sagen lassen. Alles genau nach Vorschrift. Der andere Japaner ist natürlich noch da.«

»Und was ist mit der Epidermis?« wollte Braddock wissen.

»Ich kenne da einen alten Mann in Wong Tai Sin. Ein hervorragender Präparator. Hat sein Leben lang Fasane, Wildschweinköpfe, Rotwild und Tiger ausgestopft. Er sagte, das sei eine Herausforderung für ihn, und wußte mein Vertrauen in seine Sachkenntnis zu schätzen. Ich habe schon lackierte japanische Rahmen bei Matsuzakaya bestellt. Genau das Richtige, finden Sie nicht?« Er wechselte das Thema. »Was ist mit dem alten Knaben? Was sollen wir mit ihm machen?«

»Behalten Sie ihn noch ein Weilchen hier«, sagte Inspector Lee. »Geben Sie mir Gelegenheit, in Umlauf zu setzen, daß er tot ist. Ich nehme an, es wird schon bald ein Verwandter, ein Hilfsverein oder sonst jemand von der Buddhistischen Seefahrt auftauchen, um Anspruch auf die Leiche zu erheben. Rufen Sie uns sofort an. Es könnte eine wichtige Spur sein.« Sie verabschiedeten sich.

Hoo begleitete sie zur Tür, als Braddock plötzlich stehenblieb und den linken Hemdsärmel hochkrempelte. Auf seinem Unterarm befand sich eine kleine Tätowierung: die lorbeerumrankte Erdkugel, das Emblem der Royal Marines. Braddock wandte sich an Hoo. »Gott bewahre mich davor, jemals auf dem Rücken hier reinzukommen, aber falls es doch dazu kommen sollte«, sagte er und deutete auf den Edelstahltisch, »müssen Sie mir versprechen, keine Brieftasche aus mir zu machen.«

Als Eddie und Victoria das Tragflächenboot verlassen hatten und durch die Avenida do Dr. Rodrigo Rodrigues gefahren wurden, saßen Braddock und Inspector Lee bereits in einer ihrer Lieblings-Teestuben. Dabei handelte es sich nicht etwa um die Cafeteria eines der großen Warenhäuser in der Nathan Road oder der Queens Road Central, sondern um eines der wenigen noch bestehenden *enah-lau*-Häuser, wo der Tee ebenso wichtig war wie das *dim sum* und wo ehrwürdige Herren in Nischen sitzen konnten, die Zeit und Zigarettenqualm schwarz gefärbt hatten.

Die Auswahl an Gerichten war nicht annähernd so groß wie im Blue Heaven oder im Flourishing Restaurant, die Mädchen mit den Servierwägelchen nicht annähernd so niedlich; aber dafür konnte man ungestört essen, über Geschäfte sprechen, über die bevorstehende Vereinigung mit dem Festland oder über die Freude, die von den jungen Mädchen kommt. All diese Informationen konnte man auswerten und verdauen, ohne den Tisch mit Bankangestellten, Verkäuferinnen, Sekretärinnen oder vereinzelten Touristen teilen zu müssen.

Braddock und Lee hatten bereits mehrere winzige Tassen des bitteren, aber sehr aromatischen Tees geleert; eine Gepflogenheit, die dem Trinken eines Aperitifs entspricht, ein Mittel, um den Appetit anzuregen und zu steigern. Sie hatten sich bereits mit kleinen Portionen gedämpfter Kaldaunen in einer Sauce aus schwarzen Bohnen und Chili gestärkt; mit Garnelenravioli aus Reismehl; mit Hackfleischbällchen; mit winzigen Spare Ribs im eigenen üppigen Saft; mit dem obligatorischen *bao*, den faustgroßen Teigtaschen mit einer Füllung aus Hühnerfleisch, *lap-cheung*-Wurst und hartgekochtem Ei. Inspector Lee hätte gerne über den vorliegenden Fall gesprochen, doch er wußte, daß Braddock das Geschäftliche so lange hinausschieben würde, bis er sich an seiner absoluten Leibspeise gütlich getan hatte: geschmorten Entenfüßen, deren Schwimmhäute um ein saftiges Stück Fleisch gewickelt waren. Während er Braddock beim Essen zusah, ging ihm auf, wie sehr er Braddocks Gesellschaft genoß. Er zog sie der seiner chinesischen Kollegen vor. Braddock brachte stets einen neuen Gesichtspunkt in seine Arbeit ein, besaß nicht die Engstirnigkeit der meisten anderen britischen Polizeibeamten. Er hatte, wie durch Osmose, nicht nur die kantonesische Sprache absorbiert, sondern auch die Eigenheiten, Gesten und Einstellungen der Menschen, unter denen er lebte und arbeitete. Lees Gefühlsaufwallung speiste sich zusätzlich durch den Verdacht, daß Braddock ihm gegenüber ähnliche Gefühle hegte. Er sah zu, wie Braddock die Haut des letzten Entenfußes ablutschte, Knochen und Knorpel ausspuckte und den Deckel der Teekanne nach örtlichem Brauch auf den Henkel legte, um anzuzeigen, daß noch Tee gewünscht wurde.

Braddock zündete sich eine Senior Service an und sagte zu Senior Inspector Lee: »Ich habe heute morgen ein Fax von der Tokioter Polizei erhalten. Aufgrund des Fotos und der Fingerabdrücke konnten sie den einzigen nicht tätowierten Japaner mühelos identifizieren.« Braddock zog ein zerknittertes Fax aus der Tasche und strich es auf dem Tisch glatt, wobei es mit Sojasauce und rotem Chili-Öl getränkt wurde. »Hada, Juji«, las er vor und zeichnete die Ideogramme für ›Feder‹ und ›groß‹ auf seiner Handfläche nach. Lee las die unsichtbaren Zeichen, nickte, daß er verstanden hatte. Braddock fuhr fort: »Hada, siebenundvierzig; zweiundsechzig Kilo, etc. etc. Hören Sie sich das an. Ich zitiere: ›Hada, bekannter Altertumskenner, hält Vorlesungen in asiatischer Kunst an Universitäten; berät gelegentlich den Kaiserhof beim Ankauf von Kunstgegenständen. Tokioter Kunstkreise von diesem Verlust tief erschüttert. Empfehle entschlossene Untersuchung in Hinsicht auf internationale Aspekte. Hochachtungsvoll Nakamura Kenji, Hauptkommissar.‹« Braddock nahm dem ältlichen Kellner die Kanne mit frischem Tee ab. »Ich habe Nakamura auf dem Polizeikongreß in Singapur kennengelernt. Ein erstklassiger Mann.«

»Die Sache liegt doch auf der Hand«, sagte Lee. »Ein hochgeschätzter Altertumskenner, der für die Yakuzas arbeitet? Ziemlich unwahrscheinlich. Ein hochgeschätzter Altertumskenner, der den Yakuzas etwas schuldig ist? Schon eher möglich. Wie Sie mir sagten, wurden alle aus derselben Brühe gefischt, in der sie laut Hoo gleich lange gelegen haben. Nur Hada wurde ertränkt. Die anderen wurden erschossen, verstümmelt. Die Verbindung scheint klar zu sein. Hada war da, um Antiquitäten zu taxieren, die von den Yakuzas gekauft oder gestohlen wurden oder gestohlen werden sollten.«

»Sehr gut gesagt«, sagte Braddock. »Dann können wir also davon ausgehen, daß Hada und der alte Seemann getötet wurden, weil sie Zeugen einer Straftat waren, beispielsweise eines Raubüberfalls. Jetzt müssen wir nur noch die Täter und die Antiquitäten finden.« Während Lee aufmerksam zuhörte, erzählte ihm Braddock von den Anrufen aus dem Ministerium für Altertümer und dem jüngsten Raub von Kunstgegenständen aus dem Antikenmuseum des Volkes in Haimen.

»Alles, was in Haimen gestohlen wurde, wird zunächst hier landen«, sagte Lee. »Dazwischen liegen nur knapp zweihundert Seemeilen. Es könnte sich also um die gleichen Antiquitäten handeln. Vermutlich befinden sie sich noch auf einem Schiff. Deshalb das Gemetzel auf See.«

»Sie sprechen doch Daan Ga; reden Sie mal mit den Bootsbewohnern; stellen Sie fest, ob sie etwas über ein Boot aus Haimen wissen«, sagte Braddock.

»Da helfen alle Dialekte des Reiches der Mitte nicht. Wenn ich eines gelernt habe, seit ich in den

Polizeidienst eingetreten bin, dann, daß die Bootsbewohner niemals Fragen beantworten, die ihnen ›ein brauner Scheißhaufen mit blauer Mütze‹ stellt. Ich verspreche mir mehr davon, den alten Mann zu identifizieren, während Sie sich bei den Grenzbeamten erkundigen könnten, wann die Yakuzas eingereist sind.«

Braddock schaute auf seine Uhr. »Verdammt, ich komme zu spät zu der Sicherheitsbesprechung wegen der Bankenkonferenz. Ausgerechnet Banker. Wenn man sie braucht, weisen sie einen ab; wenn man sie nicht gebrauchen kann, sind sie da.« Sie bezahlten und traten hinaus in die stickige, feuchte Luft.

## XXI

In Macao fuhr das Taxi die Avenida Almeida Ribeiro hinunter, die Eddie »Sanmalo« nannte, wie sie im Kantonesischen hieß. Victoria war von der Vielzahl der Baustile bezaubert: lusitanisch, chinesisch und moderner Stahlbeton, alle auf Tuchfühlung miteinander; im Grunde ein unästhetischer Mischmasch, der nur durch die Pastellfarben und die bunten Reklametafeln in Chinesisch, Portugiesisch und Englisch schmackhaft wurde; eine wahre Ratatouille, die beispielhaft war für die gegenseitige Befruchtung, die seit der Ankunft der ersten portugiesischen Händler im Jahre 1557 auf Macao stattgefunden hatte.

Sie bogen nach Süden ab, passierten die St.-Augustinus-Kirche, das Priesterseminar St. Joseph und fuhren weiter in Richtung der Rua dos Pescadores und des Waisenhauses des Ordens Unserer Barmherzigen Frau. Aber vorher hielten sie noch in einer Nebenstraße an, vor der Pastelarias Mei Sam, einer Konditorei, vor der früher der kleine Eddie ohne einen Pataca in der Tasche gestanden hatte, während ihm das Wasser im Munde zusammenlief. Er kaufte hundert süße Teilchen: Kokosbällchen,

Cremetörtchen, Lotossamen-Brötchen, mit Bohnenpaste gefüllte Sesambällchen und dicke Platten schneeweißen Reispuddings, genug für alle Waisen und auch für die Nonnen, die ebenso gerne Süßes aßen.

Als sie vor der weißgetünchten Mauer des Waisenhauses anhielten, hörten sie schon die schrillen Stimmen der Knaben, das dumpfe Aufprallen von Bällen. Eddie, mit alten Geheimnissen vertraut, griff über das schmeideeiserne Seitentor und machte das Schloß von innen auf. Sofort waren sie von den kreischenden Kindern und einigen der jüngeren Nonnen umringt. Eine von ihnen gab ein Kommando, und schon bildete sich eine drängelnde, hin und her zappelnde Schlange. Victoria durfte das Gebäck verteilen. Die Buben hatten sich der Größe nach aufgestellt: die Kleinen vorne, die Teenager am Ende der Reihe. Mit ihren weißen Hemden und blauen Shorts ähnelten sie einer im Wind flatternden Fahne. Die Kleinen rissen das Gebäck aus der Schachtel, bedankten sich bei Victoria mit einem Küßchen; die mittlere Gruppe nahm das Gebäck und musterte Victoria ungeniert mit Blicken, die zwischen Verlegenheit und Schüchternheit schwankten; die älteren Jungen bedankten sich mit einem Nicken; Victoria erkannte, daß sich in der Neugierde, mit der sie sie studierten, trotz aller Klostermauern eine gewisse Sinnlichkeit offenbarte. Die jungen Nonnen bildeten das Ende der Schlange und bedankten sich scheu und artig für die Süßigkeiten. Als Victoria sich umdrehte, war Eddie verschwunden. Eine junge Nonne forderte sie durch ein Winken auf, ihr aus der Sonne in die Kühle der Waisenhauskapelle zu folgen.

Als Eddie das Büro der Schwester Oberin betrat, stand diese sofort auf und drückte ihn mit beiden Armen an ihr steifes weißes Ordenskleid. Er schob sie sanft ein Stückchen von sich weg und blickte in ihr dunkles Gesicht. *»Como vai, Mae? Todo bem?«* fragte er.

»Aber ja, es geht mir gut«, erwiderte sie und deutete aus dem Fenster. »Ich habe sie im Hof gesehen. Sie ist sehr schön, Touristin und verheiratet. Stimmt das soweit?«

Eddie grinste fast so wie als Zehnjähriger, wenn er etwas angestellt hatte und erwischt wurde. »Stimmt soweit«, räumte er ein.

»Warum bringst du sie dann her? Damit ich es gutheiße? Hat es denn nicht schon viele vor ihr gegeben? Oder ist es das rote Haar? Das Unerreichbare, das erreicht wurde? Antworte mir, mein Sohn.«

Eddie kämpfte um die richtigen Worte. »Es ist mehr, Mae, es ist viel, viel mehr. So etwas ist mir noch nie passiert. Tatsache ist, daß ich einfach nicht genug von ihr bekommen kann. Daß ich immer bei ihr sein will. Daß sie intelligent und tapfer ist ...«

»Was meinst du mit ›tapfer‹? Meinst du dreist? Daß sie sich über die Konventionen hinwegsetzt?«

»Nein, Mae. Mutig. Mutiger als die meisten Männer. Sie hat mir das Leben gerettet. Mehr kann ich nicht sagen.«

»Eduardo. Bist du sicher, daß du in deiner Vernarrtheit nicht etwas in diese Sache hineindeutest, das gar nicht da ist?«

»Ich hatte den sicheren Tod vor Augen. Sie griff ein. Sie hätte auf der Stelle sterben können. Doch sie tat, was getan werden mußte.«

»Du brauchst mir nicht mehr zu sagen. Vielleicht ist es Dankbarkeit, was du empfindest. Das wäre ganz natürlich.«

»Es ist nicht Dankbarkeit. Ich habe mit vielen Frauen geschlafen. Ich wollte alle so schnell wie möglich aus meinem Bett haben, wenn es vorbei war. Bei ihr bin ich schon zufrieden, wenn ich sie im Schlaf betrachten kann. Ich lausche ihrem Atem in der Dunkelheit. Ich kann nicht schlafen, weil ich Angst habe, ich könnte ihr Aufwachen verpassen.«

»Und sie? Was empfindet sie für dich?«

»Darüber haben wir nie gesprochen.«

»Dann tu es auch in Zukunft nicht. Verletze sie nicht mit Liebesbeteuerungen. Laß sie zu ihrem Mann zurückkehren. Verschwinde aus ihrem Leben. Wenn sie so unerschrocken ist, wie du sagst, wird sie es verstehen.«

Eddie wich einer Antwort aus. »Komm mit in die Kapelle. Du sollst sie kennenlernen. Dann wirst du mich verstehen.«

Wie in alten Zeiten gingen Schwester Oberin und ehemaliger Zögling durch den mit Steinplatten belegten Korridor. Sie kamen am Speisesaal vorbei, der in der mittäglichen Hitze verlassen war. Die Stühle und Bänke standen auf den Sägebocktischen; Wasserpfützen zeigten an, daß der Steinfußboden erst kurz zuvor geschrubbt worden war. Eddie nahm den Geruch von kochendem Kabeljau wahr, dem portugiesichen Essen, das für die Nonnen zubereitet wurde. Die Ausdünstungen des Fisches verbanden sich mit den Dämpfen des Desinfektionsmittels auf dem Fußboden zu einem widerlichen Geruch, der ihn in seine Kindheit zurückversetzte. Sie kamen an der Nische mit der Gipsstatue der Jungfrau Maria vorbei, wie immer umgeben von Vasen mit frischen Blumen. Eddie öffnete der Schwester Oberin die Tür; einen Moment lang waren sie in blendendes Sonnenlicht getaucht und betraten dann die Kapelle, eine Insel der Kühle und der Stille.

Eddie und seine Mae blieben vor dem Weihwasserbecken stehen, tauchten die Finger hinein, bekreuzigten sich. Als sie aufblickten, sahen sie Victoria und die junge Nonne vor dem Altar stehen. Dem Beispiel der Nonne folgend, zündete Victoria dünne elfenbeinfarbene Wachskerzen an und steckte sie in das eiserne Gestell neben dem Altargitter. Im Zwielicht wirkte es wie das Ölgemälde einer irischen Klosterkapelle: Eine Nonne weiht eine Novizin in die Mysterien des Glaubens ein. Eddie sah die Reinheit, die Schönheit des Bildes, konnte aber zugleich nur daran denken, wie Victoria auf seinem *yeuhng geu* ritt und ihn in die Schulter biß. Diese Empfindung war so stark, daß er befürchtete, seine Mae würde sein Herz klopfen hören. Sie bedeutete ihm, mit ihr zum Altargitter zu gehen. Die kleine Nonne verabschiedete sich, als die Schwester Oberin näherkam. Eddie erinnerte sich an seine guten Manieren. »Victoria, Mrs. Phillips. Ich möchte dir Schwester Rafael vorstellen. Sie ist die einzige Mutter, die ich je gekannt habe.«

Mutter Rafael sah die blauen Augen, die makellose Haut ohne Make-up, den festen Blick. Sie nahm Victoria in die Arme. »Kommen Sie, meine Tochter; wir werden zusammen Tee trinken.« Damit war Eddie entlassen.

Während Victoria in Schwester Rafaels Büro zum Tee ging, flitzte Eddie die Rua dos Pescadores hinunter und bog in die schmale Rua do Advogado Heitor Lima ein. Mitten im ersten Häuserblock befand sich die Farmacia Cheuhng Cheun Tong. Es war vorherbestimmt gewesen, daß er die alte Apotheke aufsuchte, auch wenn er es sich nicht eingestanden hatte. Wie die meisten chinesischen Männer war er geradezu zwanghaft mit seiner Potenz beschäftigt und der Möglichkeit, sie mittels der zahlreichen Aphrodisiaka zu steigern, die die asiatische Heilkunde kennt. Eddie wollte den Nachmittag mit Victoria in der Pousada de Santa Rita verbringen und war fest entschlossen, sie mit einem Jadeschwert, wie das männliche Glied bei den Klassikern genannt wird, zu beeindrucken. Er hatte sich vorgenommen, sie zu besitzen, ihr solche Lust zu bereiten, daß andere Männer daneben verblaßten. Ganz mit der bevorstehenden Eroberung beschäftigt, betrat er die Farmacia. Der Apotheker kannte ihn von früheren Besuchen; die beiden tranken zusammen eine Tasse Tee am Ladentisch, der ansonsten übersät war mit Zetteln, mit schweren eisernen Messern zum Zerkleinern getrockneter Pflanzen, einer zierlichen Messingwaage, Rechenbrettern, den Pinseln und Tintensteinen zum Schreiben. Die Wand hinter dem Ladentisch bestand aus hundert kleinen Schubladen, von denen jede eine getrocknete Substanz pflanzlichen oder tierischen Ursprungs enthielt. Das Gespräch wandte sich dem Anlaß für Mr. Lims Besuch zu, und der Apotheker klagte bitterlich über die Einmischung der Vereinten Nationen, von Umweltschützern und sonstigen Weltverbesserern aus dem Westen, die versuchten, die Einfuhr von Rhinozeroshorn, Elefantenstoßzähnen, Tigerteilen, Bärentatzen und so weiter zu beschränken, kurzum alles, was das amtliche Arzneibuch benötigte, um Leber, Nieren, Herz, Lungen und Keimdrüsen des Menschen in Schuß zu halten. Der Apotheker empfahl Eddie, sich an ein Reisebüro zu wenden, das einem Vetter von ihm gehörte und Reisen nach Vietnam organisierte, genauer gesagt zum Cau-Mong-Tiermarkt in Ho-Chi-Minh-Stadt. Dort konnten sich vermögende Männer jedes Tier besorgen, ob lebend als Ganzes oder stückweise, getrocknet oder in Wein konserviert. Die Tiere kamen aus Hongkong, Taiwan, Singapur, der Volksrepublik, Südkorea und Japan. Dort konnten sie Tigerblut zu sich nehmen, um Tagesform und Willenskraft zu stärken; Tigerfett, um Hämorrhoiden, Hundebisse und Leiden der Kopfhaut zu kurieren; zerstoßene Tigerzähne, um Asthma und Ausschläge im Genitalbereich zu lindern; Tigerpenis, um nahezu ständige Erektionen zu gewährleisten. Das meiste davon wußte Eddie, und noch einiges mehr: daß Schildkrötenblut gut für die Durchblutung ist; daß der Rückenschild der Schildkröte Herz und Nieren stärkt; daß getrocknete Eidechse Kinder beruhigt, die nachts Angst haben; daß Rhinozeroshorn giftige Stoffe aus dem Körper zieht; daß die Gallenblase der Schlange für gute Augen und gleichmäßigen Herzschlag sorgt. Trotzdem dankte Eddie dem Apotheker für diesen Rat, sagte, er werde eine solche Reise in Erwägung ziehen, aber sein Anliegen sei weitaus dringender. Der Mann verstand und bat Eddie, ihn in den Hof zu begleiten.

Unter dem vorspringenden Ziegeldach waren mehrere Schlangen am Kopf aufgehängt. Nur die an ihren Schwänzen befestigten Metallklammern, ähnlich denen, die der Fotograf in der Dunkelkammer benutzt, hinderten sie daran, sich loszuzappeln. Der Apotheker suchte eine kräftig wirkende Viper aus und rief seinen Helfer, der mit dem Messer in der Hand erschien. Eddie und der Apotheker gingen wieder in den Laden. Kurz darauf erschien der Schlangenschlächter mit einem Tablett in der Hand. Darauf standen drei Schnapsgläser, jedes mit einer andersfarbenen Flüssigkeit. Eddie nahm das erste. »Blut«, sagte er und leerte es. »Galle«, sagte er und trank das zweite aus. Er nahm das dritte, das wie Bernstein funkelte. »Johnny Walker«, sagte Eddie und kippte es hinunter.

Eine junge Nonne hatte den Tee gebracht und dazu eine Platte mit Kokosplätzchen. »Die müssen Sie probieren«, hatte Schwester Rafael gesagt. »Wir sind für unsere Backwaren berühmt, besonders für unsere *quindin* da. Wir verkaufen sie in der Weihnachtszeit hier und sogar in Hongkong.« Victoria biß in das dottergelbe Gebäck, klebrigsüß nach tropischer Manier, dem die frisch geraspelten Kokosflocken eine sandige Beschaffenheit gaben. Als sie das Gebäck lobte, hielt ihr Schwester Rafael einen Vortrag über die Herrlichkeit portugiesischer Backwaren. Die Originalrezepte waren von den Nonnen nach Macao, nach Brasilien, nach Goa, nach Mozambique und in ihr heimatliches Angola mitgenommen worden. Und in jeder exotischen Kolonie machten die Backwaren, durch die Verwendung einheimischer Früchte, eine wunderbare Wandlung durch. So entstanden die lukullischen *papos de anjo* oder Engelsbäckchen; die berühmten *cocadas* aus Kokosflocken, Karamel oder Kürbis; die *fios de ovos* oder Eierfäden, die die Mauren in Portugal eingeführt hatten; die *olhos de sogra* oder Schwiegermutter-Augen, die aus Pflaumen, Puderzucker, Eigelb und Nelken zubereitet wurden.

Dieser metaphorische Ausflug zum Dessertbüfett war aus Schwester Rafaels Sicht natürlich alles andere als belangloses Geplauder. Es sollte ihr vielmehr Gelegenheit geben, Victoria zu studieren, um festzustellen, ob ihr Interesse echt war oder lediglich der zynische Versuch, eine alte Frau zufriedenzustellen. Victoria bestand den Test aufgrund ihres aufrichtigen Wunsches, mehr zu wissen; aufgrund des offenkundigen Vergnügens, das ihr die Unterhaltung bereitete; durch die klugen Fragen, die sie stellte.

Schwester Rafael war nunmehr bereit, auf den Kern der Sache zu sprechen zu kommen. »Sie sollten wissen, daß ich Eduardo als meinen Sohn betrachte. Er könnte meinen Lenden entsprungen sein.« Als Victoria sie überrascht ansah, fuhr Schwester Rafael fort: »Sie sehen mich in Schleier und Ordensgewand, aber ich war eine Frau, bevor ich Nonne wurde.« Sie lächelte über Victorias Reaktion. »Eduardo hätte Sie nicht hergebracht, wenn Sie nicht etwas ganz Besonderes wären. Er hat das noch nie getan. Und damit Sie mich nicht für ein aufdringliches altes Weib halten, möchte ich Ihnen sagen, was für mich das Wichtigste ist. Nämlich, daß er nicht verletzt wird.« Victoria schwieg, gespannt, welche Wendung das Gespräch nehmen würde. Sie brauchte nicht lange zu warten. »Ich sehe in Ihnen eine elegante, weltgewandte Frau. Eine verheiratete Frau aus den Vereinigten Staaten. Eine Frau, die weit gereist, gebildet ist. Eddie ist ein Junge von hier. Er ist noch nie über Manila hinausgekommen. Und obwohl er zäh und erfolgreich ist, paßt er doch nicht zu Ihnen. Sie werden in ein Flugzeug steigen und aus seinem Leben verschwinden. Für Sie wird alles ein exotisches Abenteuer gewesen sein. Für ihn etwas Wunderbares und Unerreichbares. Er wird mit einer schmerzenden Wunde zurückbleiben. Und das hat er nicht verdient.«

»Schwester Rafael. Bei allem gebührenden Respekt, ich bin Ihnen keine Erklärung schuldig; Mr. Lim und ich sind erwachsene Menschen. Aber im Hinblick auf Eddie müßten Sie eigentlich wissen, daß es sich hier nicht um ein exotisches Abenteuer handelt. Wir kennen uns erst vierundzwanzig Stunden, und doch kenne ich ihn bereits besser als meinen eigenen Mann. Er ist alles, was ich bei einem Mann bewundere. Er ist rücksichtsvoll, fürsorglich und stark. Ich kann den Kopf auf seine Brust legen und ruhig schlafen – er wird mich vor allem schützen. Und im selben Bett ist er alles, was sich eine Frau nur wünschen kann. In achtundvierzig Stunden kehre ich mit meinem Mann nach New York zurück. Meine einzige Bitte an Sie ist, daß Eddie nichts von meinen wahren Gefühlen erfährt.«

Schwester Rafael nippte an ihrem Tee und sah dann Victoria an. »Danke, meine Tochter. Mehr wollte ich nicht hören. Aber ich möchte Sie auf den Boden der Realität zurückholen, zu Ihrer eigenen

Sicherheit. Eddie ist kein Heiliger. Ich weiß, daß er einen Massagesalon in Manila besitzt, daß ihm hier in Macao eine Bar gehört. Barmherzig ausgedrückt, ist das ein Lokal, in dem Ausländer einheimische Mädchen kennenlernen. Und es gibt Geschäfte, die er für sich behält. Ich will nicht richten. Ich möchte nur nicht, daß Sie glauben, eine Säule der hiesigen Gesellschaft zurückzulassen.«

»Ich weiß alles, was es über Eddie zu wissen gibt. Was er macht, unterscheidet sich kaum von dem, was hochangesehene Männer in meinem Land tun. Nur daß Eddie ehrlicher ist. Er ist kein Robin Hood, aber er ruiniert nicht anständige Menschen, bringt alte Menschen nicht um ihre Ersparnisse. Bei uns plündern sie die Pensionskasse ihrer Angestellten; sie kaufen völlig gesunde Firmen auf, schlachten sie aus und setzen die Arbeiter auf die Straße. Sie bereichern sich mit Hilfe von Insider-Informationen an der Börse. Man bezeichnet das als Weiße-Kragen-Kriminalität. Was Eddie macht, ist dagegen gar nichts. Er tut anderen nicht weh.«

»In einem Punkt irren Sie sich«, sagte Schwester Rafael. »Er *ist* ein Robin Hood. Er gibt uns einen festen monatlichen Betrag; er kauft die Fußbälle, die Pingpongtische; er richtet die Weihnachtsfeier für uns aus; er bezahlt den Zahnarzt und die Spezialisten, wenn wir sie brauchen. Außer Ihnen und mir weiß niemand, woher das Geld kommt. Und selbst wir wissen nicht, aus welcher Quelle es tatsächlich stammt.«

»Dann bedauere ich es um so mehr, ihn verlassen zu müssen. Meine Stunden mit ihm sind gezählt. Mein Leben ist in Amerika, aber ich wünschte, es wäre anders.« Sie stand auf.

»Ich bin tief bewegt von dem, was Sie mir gesagt haben. Und ich respektiere Ihren gesunden Menschenverstand. Ich bin stolz, daß Eddie eine Frau wie Sie gefunden hat.« Schwester Rafael kramte in ihrer Schublade und brachte einen elfenbeinernen Rosenkranz zum Vorschein. »Ich weiß, daß Sie keine Katholikin sind. Aber ich möchte, daß Sie ihn nehmen; zur Erinnerung an unser Waisenhaus.«

»Ich bin noch nie einer Schwester Oberin begegnet. Ich dachte immer, das sei eine Frau, die kleine Mädchen zwingt, auf Linealen zu knien; die ihnen sagt, daß es Sünde ist, mit den Händen unter der Bettdecke zu schlafen, und sie zwingt, in der Badewanne ein Nachthemd zu tragen. Wie sehr ich mich doch getäuscht habe!«

Schwester Rafael lachte. »Eine perfekte Beschreibung unserer Oberin in Coimbra. Jede von uns ist anders, und ich wahrscheinlich ganz besonders.« Sie nahm Victoria bei der Hand und führte sie hinunter in den Hof. Als sie in den Sonnenschein traten, hörten sie die alte Seitenpforte quietschen; Eddie kam herein. Er schirmte die Augen gegen die Sonne ab und betrachtete die beiden Frauen, die ihm alles bedeuteten.

## XXII

Kurz nachdem Eddie von seiner Schlangentherapie in der Farmacia Cheuhng Cheun Tong ins Waisenhaus zurückgekehrt war, meldeten sich zwei ältere Männer bei Dr. Winston Hoo in der Gerichtsmedizin. Sie hätten in der Zeitung von dem Toten aus dem Meer gelesen und hätten den Verdacht, es könne sich bei dem Unbekannten, der als Seemann bezeichnet wurde, um ihren Landsmann Luk Ching Kong handeln. Sie seien der Vorsitzende und der Schriftführer des Wohltätigkeitsvereins Shekou, und falls der Unglückliche tatsächlich der bereits erwähnte Herr Luk sei, würden sie gern Anspruch auf seine Leiche erheben, um ihn zu bestatten.

Dr. Hoo führte sie in den Seziersaal, zog die Schublade heraus, in der sich der Verstorbene befand, und bat die alten Herren, nachdem er einige Bierdosen außer Sichtweite geschoben hatte, näherzutreten. Nickend und zungenschnalzend identifizierten sie Herrn Luk auf der Stelle. Der Vorsitzende holte einen buddhistischen Rosenkranz hervor, ließ ihn durch die Finger gleiten und murmelte ein Gebet, das sich, was Inhalt, Tonfall und Dauer betraf, nicht merklich von den Gebeten unterschied, die Priester, Pastor, Rabbiner oder Imam sprechen. Dr. Hoo versicherte den beiden einfachen Männern, daß sie die Leiche am nächsten Morgen abholen könnten, damit er Zeit hätte, den Papierkram zu erledigen – immer vorausgesetzt, daß die Polizei nichts dagegen einzuwenden hatte. Dr. Hoo glaubte gehört zu haben, wie einer der beiden etwas von braunen Scheißhaufen mit blauen Mützen sagte, war sich aber nicht sicher. Auf jeden Fall hatte er es eilig, ins Warenhaus Matsuzakaya zu kommen, um seine lackierten Bilderrahmen abzuholen. Nach Dienstschluß wollte er sie dem Präparator bringen.

Im Polizeipräsidium in der Arsenal Street wurde, gerade als die Besprechung der Sicherheitsvorkehrungen für die Bankenkonferenz endete, Superintendent Ivor Braddock ans Telefon gerufen. Am Apparat war Dr. Winston Hoo, der ihm von dem Besuch der Vertreter des Wohltätigkeitsvereins Shekou berichtete. Ob er die somit identifizierte Leiche ihren Landsleuten überlassen könne? Ja, das könne er, antwortete Braddock. Er habe sogar vor, die Leiche nach dem Verlassen der Gerichtsmedizin von Zivilbeamten beschatten zu lassen.

Etwa zur gleichen Zeit kamen die Vertreter des Wohltätigkeitsvereins Shekou aus der Gerichtsmedizin und bogen in eine Seitenstraße ein, in der Wai Joi und der Lieferwagen der Wäscherei auf sie warteten.

## XXIII

Ein Taxi hatte Eddie und Victoria am Waisenhaus abgeholt. Es hatte bereits die elegante Hochbrücke zwischen Macao und der Insel Taipa überquert, die eher öde Insel mit ihren Wohnsiedlungen hinter sich gelassen und befand sich nun auf dem Fahrdamm zur Insel Coloane. Coloane ist ein unverdorbenes Überbleibsel aus der Kolonialzeit, das herrliche Sandstrände und nur zwei größere Hotels aufzuweisen hat – ein Zugeständnis an die anscheinend unaufhaltsame Freizeitindustrie. Doch nur die Einheimischen und verwöhnte eingeweihte internationale Jetsetter kennen die Pousada de Santa Rita. Dieses Hotel im portugiesischen Stil verfügt über lediglich zwanzig Suiten, die geschickt in den Überresten eines alten Forts untergebracht worden sind. Auf der Seeseite der weitläufigen Terrasse, die als luxuriöser Speisesaal dient, blicken alte Schiffsgeschütze und Pyramiden von Kanonenkugeln aufs Meer hinaus, wie von alters her bereit, Niederländer, Japaner oder Piraten zurückzuschlagen.

Ein Aufgebot von Pagen in gestärktem Weiß erwartete die Ankunft des Taxis, das die palmenbestandene Auffahrt heraufkam. Als Eddie und Victoria die kühle Halle betraten, erkannte ihr geschultes Auge, daß hier ein wahrer Schatz an kolonialem Mobiliar zu finden war. Die Gobelins, die an handgeschmiedeten Eisenstangen hingen; die prächtigen Laternen, aus Klöstern oder Abteien geplündert; die Nußbaumstühle und -tische mit altlusitanischen Schnitzereien; die original maurischen Nagelköpfe, mit denen die Rezeption verziert war, bestätigten ihren ersten Eindruck. Beim Betreten ihrer Suite empfand Victoria das gleiche Gefühl wie im Laderaum der *Peony VI*, als sie die geraubten Kunstgegenstände aus dem Museum von Haimen erblickt hatte. Hier hatte sie jedoch festeren Boden unter den Füßen. Ihr Blick schweifte durch Salon und angrenzendes Schlafzimmer, beide mit Meerblick. Fenster gab es nicht, nur eingeölte Jalousien, deren Musterung die mozarabische Herkunft verriet. Victoria blieb vor zwei passenden Schränken stehen, hinter deren geöffneten Türen chinesische Vasen standen, die mit tropischen Blumen gefüllt waren. »Eddie«, sagte sie, »hast du eigentlich eine Ahnung, was man hier alles zusammengetragen hat? Diese Truhen stammen aus einer portugiesischen Sakristei; allein die eisernen Beschläge sagen mir, daß sie aus dem 17. Jahrhundert sind. Und dieser Sekretär ist mit Sicherheit aus Goa. Man kann deutlich den indischen Einfluß erkennen, die Einlegearbeit aus tropischen Hölzern und Elfenbein.«

»Ich verstehe nichts von europäischen Möbeln. Ich sehe mir Zeitschriften für Innenausstattung an und kann französischen Landhausstil nicht von Chippendale unterscheiden, Biedermeier nicht von Louis Quinze. Für mich sind das nur Namen. Ich kann allenfalls Antikes und Modernes auseinanderhalten.«

»Für jemanden, der von europäischen Möbeln nichts versteht, sind dir die Fachausdrücke aber sehr geläufig.«

»Das ist wie bei dem Mittagessen, das ich im Peninsula bestellt habe. Ein Mann aus Zürich hat mir die Wörter beigebracht, aber eigentlich weiß ich gar nicht, was ich sage.«

Victoria fand diese plötzliche Offenheit so sympathisch, daß sie zu ihm ging und ihm die Arme um den Hals schlang. »Ich glaube nicht, daß es etwas gibt, was du nicht lernen könntest.«

Er freute sich über ihre Worte, war sogar stolz darauf; er wollte schon etwas erwidern, fürchtete jedoch die allzu große Nähe, vor der ihn seine Mae gewarnt hatte. Er wurde davor bewahrt, die Worte auszusprechen, die ihm auf der Zunge lagen, da es klopfte und die Türen zum Salon aufgestoßen wurden. Zwei Kellner rollten ein Tischchen mit einem erlesenen Lunch herein. Sie wollten servieren, hatten schon zwei Stühle bereitgestellt, doch Eddie entließ sie mit einigen Bemerkungen in Kantonesisch. Er nahm die silbernen Glocken von den Platten, und heraus strömte der Duft von Garnelen, Schweinefleisch, Geflügel, Paprika, Knoblauch und Safran. »Ich habe nur typische Gerichte aus Macao für uns bestellt.« Und dann fütterte er sie geradezu mit Besitzerstolz, als hätte er alles selbst zubereitet, und erläuterte dabei die Zusammensetzung jedes einzelnen Gerichts. Er erklärte ihr, daß die Küche Macaos eine phantasievolle Mischung aus all dem ist, was die Portugiesen in Brasilien, in Afrika, in Indien und hier in Kanton aufgeschnappt hatten. Wie ein wohlerzogenes Kind ließ sie sich einen Löffel von der brasilianischen *feijoada* geben, die aus dem Schwarz von Bohnen, dem Weiß von geröstetem Maniokmehl, dem Orange der gleichnamigen Frucht, dem Grün von Kohl und dann wieder dem Schwarz von gedünstetem Schweinefleisch aufgeschichtet war; von dem afrikanischen Huhn, das von scharfem Piri-Piri loderte; der im eigenen Blut gegarten Ente; den Schmorgerichten, verschwenderisch mit Kokosnuß, Oliven, Curry und Safran gewürzt; der gebackenen Wachtel und den Riesengarnelen; den gegrillten Sardinen und dem *bacalhau*, dem portugiesischen getrockneten Kabeljau. Er machte sie mit *vinho verde* bekannt, dem gekühlt getrunkenen spritzigen Wein, der die aromatischen und pikanten Speisen perfekt ergänzte. Zum Dessert gab es einen eisgekühlten Obstsalat, in dem sie Lychees, Mango und Papaya erkennen konnte; das übrige war eine farbenfrohe Melange aus duftenden Früchten, die erotisch glitschig auf der Zunge lagen. Sie lutschten sich die einzelnen Stücke gegenseitig aus dem Mund und gingen ins Schlafzimmer.

Victorias Augen weideten sich an dem vergoldeten Barockbett, dessen Kopfbrett ein Gemälde des Heiligen Johannes als Kind zierte. Das Datum, 1583, war in das bemalte Holz eingeschnitzt. Über dem Bett hing ein Kruzifix: Jesus in polychrom dargestellter Pein; schwarzes Blut, das seine Seite überzog; rotes Blut, das unter der Dornenkrone austrat. Victorias Kennerblick sagte ihr, daß dieser Jesus nicht irgendwie verkleinert worden war, sondern eine naturgetreue Vorstellung davon vermittelte, wie die Menschen vor zweitausend Jahren aussahen. Menschen, die sich von Oliven, Feigen, Pitah und geronnener Schafsmilch ernährten. Die feisten, aufgedunsenen Riesenexemplare, die den modernen Menschen darstellen, mußten erst noch durch den übermäßigen Genuß von Double Cheeseburgers, Donuts, Bratwürstchen, Cassoulets und Kaiserschmarren geschaffen werden. Daneben gab es gotische Stücke, betont durch chinesische Vasen und Schalen, die mit Sicherheit keine massengefertigten Kopien aus der Volksrepublik waren. Victoria wollte etwas zu dem Kopfbrett sagen, doch da hatte Eddie sie bereits vor einen Barockspiegel gestellt, dessen abblätternde Silberauflage ihn stellenweise blind machte. Eddie streifte ihr das Oberteil von den Schultern und schob ihr dann mit einer plötzlichen Bewegung den Rock bis zu den Hüften hoch. Er ließ sie nicht los, sondern zwang sie, sich im Spiegel zu betrachten. Sie sah ihr flammendes Haar, die kleinen Brüste, die allzu weiße Haut, das Lodern ihres

Schamhaars, die schier nicht enden wollenden Beine. Eddie hielt sie fest und flüsterte ihr leidenschaftlich ins Ohr: »Mrs. Phillips, Sie sind vollkommen.« Dann hob er sie mühelos hoch und legte sie auf das Bett. Sie streckte die Arme nach ihm aus, doch statt zu ihr zu kommen, riß er sich das Hemd vom Leib, stellte sich auf das Bett, und mit einer Bewegung, die an einen Stierkämpfer erinnerte, der seine Capa entfaltet, deckte er den Sohn Gottes mit seinem Hemd aus Schweizer Batist zu. Im letzten Moment hatte sich eine schwache Erinnerung an alles, was man ihn im Orfanato gelehrt hatte, durchgesetzt und ihn veranlaßt, dem Christus den Anblick der zu erwartenden zügellosen Sinnlichkeit zu ersparen. Natürlich war sich Eddie nicht im klaren darüber, daß derart glanzvolle Schamverletzungen nur noch aufregender wirkten, wenn sie durch das durchsichtige Material seines Hemdes verfolgt wurden. Der Unterschied war ähnlich wie der zwischen einem Pornofilm, in dem sämtliche unappetitlichen Details in Großaufnahme zu sehen sind, und einem Liebesspiel, das man heimlich durch das Schlüsselloch verfolgt.

Obwohl sie sich nur an Bord der *Peony VI*, im Lieferwagen der Wäscherei und in Eddies Wohnung geliebt hatten, war ihnen das Wegenetz ihrer Leidenschaft bereits vertraut. Sie wußten, wann sie beschleunigen mußten; wann zu bremsen, wann umzuschalten, wann in gefährlichen Kurven herunterzuschalten war; wann der Leerlauf einzulegen war und wann sie, wenn die Ampel dann grün zeigte, mit Vollgas der Ziellinie entgegendonnern konnten.

Als sie eng umschlungen dalagen, zärtlich die Nasen aneinander rieben, einander in die Augen sahen, er in die blauen, sie in pechschwarze, die halb von der Lidfalte verborgen wurden, lagen ihnen die Worte, die sie sich gern gesagt hätten, schwer auf der Zunge. Doch diese Liebesworte waren auf Geheiß einer Schwester Oberin aus Angola totgeboren; und diese Anordnung war für beide bindender als jede päpstliche Bulle. Was immer sie einander sagen wollten, mußte durch ihre Körper ausgedrückt werden.

Schweißgebadet und erschöpft, wie sie waren, erkannten sie nicht, daß sie dadurch von der Banalität moderner Liebesschwüre verschont blieben. »Für immer und ewig«, »Mein Herzchen, mein Seelchen«, »So intensiv war es bei mir noch nie«, »Ich will dich nur *lieben*«, »Allein schon dein süßes Näschen«, »Du kleiner Honigarsch«. Auch diese Worte haben ihren Platz. Zum Beispiel in einer Hochzeitskapelle in Las Vegas und anschließend dann in einem Motelzimmer. Aber es sind gewiß nicht die richtigen Worte für einen chinesischen Abenteurer mit schlangenblutgeschwelltem Glied oder für eine nordische Göttin, eine Galionsfigur, die ihre Lust in den Wind hinausschreit.

Sie räkelten sich in der tiefen gekachelten Badewanne mit den Jacuzzi-Düsen vor dem Hintergrund blauer und weißer Coimbra-Fliesen, auf denen Neptun mit wollüstigen nackten Frauen in einem schäumenden Meer tändelte. Eddie griff nach seinen Zigaretten, die auf der Marmorkonsole lagen. Ohne ihn kritisieren zu wollen, sagte Victoria: »Bei uns zu Hause raucht fast niemand mehr. Jeder weiß, wie gefährlich das ist.«

»Dann muß das Amerikas bestgehütetes Geheimnis sein«, sagte Eddie. »Amerikanische Tabakkonzerne verschleudern ihre Zigaretten in ganz Asien. Ob in Hongkong oder in Taipeh, überall verteilen Mädchen in adretten Blazern kostenlose Probepackungen. Das ist auch eine Art von Rassismus. Amerikaner sollen nicht rauchen, aber Asiaten dürfen ruhig Lungenkrebs bekommen.«

»Rassismus? Bilde dir bloß nichts ein. Das ist Habgier, nichts als altmodische Habgier. Man hat versucht, die Firma Camel dazu zu bewegen, ein Logo zu ändern, mit dem sich Schulkinder identifizierten. Die Firma hat sich geweigert. Soviel zu deiner Theorie.«

Eddie genoß Victorias kleinen Ausbruch und ging nicht weiter darauf ein. Er labte sich an ihrer Nacktheit vor all den Nackedeis auf den Kacheln, wünschte sich, sie wären Frauen aus Fleisch und Blut. Das sagte er auch zu Victoria und spann diesen Gedanken weiter aus: »Ich glaube, ich fahre mit dir nach Kansu. Die Menschen dort sind Moslems; sie haben viele Frauen und Konkubinen. Dann stecke ich dich in meinen Harem und nehme dich, wann immer mir danach ist. Wenn du mich nicht zufriedenstellst, schlafe ich mit einer Jüngeren und zwinge dich zuzuschauen.« Er sagte es mit unbewegtem Gesicht. Obwohl es scherzhaft gemeint war, wußte Victoria, daß er dazu durchaus fähig war.

Sie glitt zu ihm hinüber und legte die Arme um seine Taille. »Du jagst mir Angst ein«, sagte sie.

»Wir müssen uns anziehen«, sagte er, »sonst verpassen wir das Boot.«

## XXIV

Der Camelia Club lag nur einen Steinwurf von der Start- und Landebahn des Flughafens Kai Tak entfernt, in einem Bezirk der Halbinsel, der den Namen Kowloon City trägt. Das heruntergekommene Gewerbegebiet mit seinen schmutzigen Mietskasernen paßte jedoch mehr schlecht als recht zu dem Bild, das sein Name hervorrief. Die spärlich beleuchtete, mit Unrat übersäte Straße war genau wie alle anderen, wenn man davon absieht, daß vor einem mit Brettern vernagelten Gebäude, einer ehemaligen Fabrik, in der unter miserablen Bedingungen Christbaumschmuck hergestellt worden war, mehrere Automobile parkten, darunter ein Rolls Royce, ein Wäscherei-Lieferwagen und ein alter Jaguar.

Das Innere des Clubs war ein Musterbeispiel für chinesischen Pragmatismus, für entschlossen auf die Spitze getriebene Schmucklosigkeit. Die Dekoration beschränkte sich auf alte Kalender und die traditionellerweise verkehrt herum aufgehängten Ideogramme für »Viel Glück«, die von einem lange zurückliegenden Neujahrsfest stammten. Es war ein Lokal, in dem die Resopalplatten der Tische mit verschüttetem Tee abgewischt werden; in dem das rauhe Toilettenpapier gleichzeitig als Handtuch herhalten muß. Ein Lokal, das Kakerlaken und Ratten nicht unbekannt war; was man bedauern mochte, was jedoch Teil eines größeren Planes war, an dem der Mensch wenig ändern kann und an dem der Mensch auch nicht viel ändern sollte, da sonst der Kreislauf der Natur durcheinandergerät.

Der Camelia Club wurde weder von Hongkongs Jeunesse dorée noch von seiner genußsüchtigen Oberschicht frequentiert, sondern von den Liebhabern der Pipa, der Laute des chinesischen Altertums. Abgesehen von ihrer Verwendung in der Peking-Oper ist sie kein Instrument, das sich bei der städtischen Jugend großer Beliebtheit erfreut. Die Menschen, die sich hier versammelten, kamen ungeachtet ihrer gesellschaftlichen Stellung, vereint allein durch die Wertschätzung, die sie diesem alten Instrument entgegenbrachten. So sitzt hier der Apotheker, der Lehrer, der Computerprogrammierer einträchtig neben dem Bankier, dem Drogenhändler, dem Kalligraphen und dem Käufer gestohlener Antiquitäten. Das einzige technologische Zugeständnis war ein kleiner Scheinwerfer, der die junge Frau anstrahlte, die an den Darmsaiten der Pipa zupfte und dazu etwas sang, was Volkslieder und klassische Weisen gewesen sein mochten.

Eddie Lims Tisch stand gewissermaßen direkt am Ring, und in seiner Begleitung befanden sich außer Victoria Wai Joi, Lily und ein Herr Au, der Oberkellner des Roten Lotos. Was sie verband, waren weder Provinz, Dorf, Geld noch Stellung, sondern gutes Einvernehmen und gegenseitiges Vertrauen. Seit einer Stunde saßen sie nun hier und tranken *mau toi*, den starken, aus Mohrenhirse hergestellten Schnaps. Victoria begann schon die Wirkung zu spüren und verfolgte die Darbietungen distanziert und mit philosophischer Gelassenheit. Am Anfang hatten der näselnde Klang der Pipa und die schrille und dissonante Stimme der Sängerin sie gestört; ihr westliches Ohr rebellierte gegen das monotone Gewinsel in Moll. Doch mit der Zeit fühlte sie sich von den einschläfernden Wiederholungen eingelullt, konnte im voraus das Heben und Senken der Stimme, das Ende einer Strophe, den Beginn der nächsten ahnen.

Sie blickte um sich, sah, daß Eddie und Wai Joi, Herr Au und Lily wie hypnotisiert der Stimme und den Melodien, den Worten und Geschichten aus Chinas Vergangenheit lauschten. Sie blickte hinüber zu den anderen Tischen, sah, daß die anderen Gäste ebenfalls wie in Trance waren: die Gangstertypen, die Männer mittleren Alters mit ihren blutjungen Mätressen, der alte Gelehrte mit dem grauen Spitzbart, die eleganten Geschäftsleute und ihre aufgedonnerten Ehefrauen, die blassen, langhaarigen Studenten.

Victoria nippte an ihrem *mau toi* und ließ diesen ungewöhnlichen Tag Revue passieren. Die Begegnung mit Schwester Rafael, der Oberin des Waisenhauses; ihre unerwartete Offenheit, ihre kaum verhohlene Liebe zu Eddie, die durch ihr klares Urteil über ihn nicht geschmälert wurde. Sie dachte an die Freude, die es ihr bereitet hatte, von kleinen Knaben abgeküßt und umarmt zu werden, von Knaben, die nach Seife rochen, von den frischverdrückten Süßigkeiten noch ganz klebrig. Hatten die Küßchen lange unterdrückte mütterliche Gefühle in ihr freigesetzt? Sie sah Eddie an, regungslos bis auf den Zigarettenrauch, der aus seiner Nase aufstieg. Sie dachte an den Nachmittag in der Pousada, die blumengeschmückte Suite mit ihren Möbeln aus der Kolonialzeit, die tiefe Badewanne aus portugiesischen Kacheln. Wie er sie beim Sex weit über die Grenzen des Anstands getrieben hatte, wie sie Höhepunkt um Höhepunkt erreicht, auf jedem Gipfel aufgeschrien hatte, ohne Rücksicht auf die Gäste, die auf der Terrasse unter ihrem Fenster gesittet zu Mittag aßen. Wie über Generationen hinweg auf Hochglanz polierte Yankee-Tugenden sich ganz unvermittelt im Schweiße leidenschaftlichen Vögelns in nichts aufgelöst hatten. Wie die salzigen Bächlein, die von Eddies Stirn und Brust liefen, sich mit ihrem eigenen Schweiß vermischt hatten, ihren Nabel füllten, die Laken tränkten. Wie das hydraulisch schmatzende Geräusch, das entstand, wenn sich Bauch von Bauch, Bauch von Gesäß löste, sich von einer Peinlichkeit in süße Musik verwandelt hatte.

Die Stimme verstummte, das Gewimmer der Pipa erstarb. Der Applaus war spärlich; die Musik hielt die Zuhörer noch immer in ihrem Bann. Victoria merkte, daß jemand hinter ihr stand, und blickte auf. Ein alter Mann, gefärbte schwarze Haarsträhnen über den Schädel geklebt, eine Haut aus straffem Pergament, stand mit zwei jungen Begleitern an ihrem Tisch. Alle drei trugen untadelige gedeckte Anzüge, weiße Hemden und reine Seidenkrawatten. Nach Hongkonger Maßstäben ein Industrieller, vielleicht ein Immobilienmagnat, und seine Assistenten. Der alte Mann musterte Victoria völlig ungeniert. Nachdem seine Neugier gestillt war, blickte er sich flüchtig am Tisch um und identifizierte Eddie sofort als den Gastgeber. Er deutete mit der linken Hand auf Victoria – sie sah eine diamantenbesetzte Rolex aufblitzen –, als wäre sie ein Möbelstück. Dann richtete er das Wort an Eddie. Die anderen am Tisch sahen sich an, doch ihre Gesichter verrieten nichts. Victoria spürte genau, daß es um sie ging. Da sie sich übergangen fühlte, fragte sie: »Was will der Mann?«

Einen Moment lang herrschte unbehagliches Schweigen, dann sagte Eddie: »Er möchte dein *yam seui*. Er sagt, Geld spielt keine Rolle.« Victoria, genau so schlau wie zuvor, forschte in den Gesichtern ihrer Begleiter, die jedoch lediglich die Augen abwandten.

Lily flüsterte ihr ins Ohr: »Er möchte dein *yam seui*, dein Jadewasser; das macht ihn bis zum nächsten Frühjahr potent.«

»Jadewasser? Wovon redest du?«

Wieder flüsterte Lily in ihr Ohr: »Deine Absonderungen, die aus deiner Jadepforte. Er möchte sie trinken. Er bezahlt dir jeden Preis.«

Das Lachen, mit dem Victoria auf dieses absurde Angebot reagierte, blieb ihr im Halse stecken, als sie sah, daß die anderen am Tisch keineswegs empört waren, sondern das Angebot zu bedenken schienen. Sie fühlte sich im Stich gelassen und geriet einen Moment lang in Panik. Im Geiste wurde sie bereits von den beiden Adjutanten nach draußen geschleppt und auf den Rücksitz des Rolls Royce geworfen. Sie sah schon, wie sie ihr die Kleider vom Leib rissen, ihre Beine auseinanderzwangen und wie der alte Mann sie mit Zunge und Schnauze mißbrauchte – wie ein monströser Wasserspeier. Sie kehrte in die Gegenwart zurück, als sie hörte, wie Eddie sich, offenbar in höflicher Form, an den alten Mann wandte. Um ihre Anwesenheit zu unterstreichen, fiel sie ihm ins Wort: »Sag ihm, daß mir das *yam seui* ausgegangen ist.« Einer der jungen Männer übersetzte es seinem Arbeitgeber. Der alte Mann hatte noch etwas vorzubringen. »Was sagt er?« fragte Victoria.

Eddie übersetzte. »Er sagt, das sei typisch für junge Leute. Daß du den Wert des Geldes nicht kennst und keine Achtung vor Älteren hast.«

»Genau das sagt mein Vater auch«, antwortete Victoria. Der alte Mann verbeugte sich und verließ, flankiert von seinen Adjutanten, würdevoll den Club.

Eddie brach das Eis, indem er förmlich das Glas

erhob, genau so, wie er es in Filmen gesehen hatte, und einen Toast auf Victoria ausbrachte. »Auf Mrs. Phillips, die Dame mit der nie versiegenden Einnahmequelle.« Die anderen hoben ihre Gläser, schmunzelten über die humorvolle Anspielung. Victoria kam der Gedanke, daß die Bitte des alten Mannes, die, in einem öffentlichen Lokal geäußert, vielleicht ziemlich ausgefallen war, ihren Begleitern aber ganz und gar nicht grotesk erschien. Damit war sie einer in Asien altbekannten Wahrheit auf die Spur gekommen, daß nämlich die Vaginalsekrete einer jungen Frau ein stärkeres Aphrodisiakum sind als Tigerpenis oder Bärentatzen.

In diesem Augenblick erschien der Besitzer des Clubs und bat Eddie und seine Begleitung an seinen Tisch. Die anderen Gäste waren inzwischen alle gegangen, und so lernte Victoria den großen Gleichmacher der chinesischen Gesellschaft kennen – das Essen. Der Besitzer, die junge Pipa-Spielerin, einige Kellner und Küchengehilfen setzten sich mit ihnen zu Tisch. Das Essen war alles andere als aufwendig. Gewiß, es gab auch Leckerbissen: goldfarbene Qualle, das dunkle Gelee eingelegter Eier, mit rotem Pfeffer gesprenkelte Gurke, Schweinsfüße mit dem Aroma von Fünf-in-Eins-Gewürz; doch das Hauptgericht bildete eine große Schüssel voll weizenfarbenem Brei. Es war der altbewährte *jouhk*, eine Art Schleimsuppe aus Reis, der so lange in Fleischbrühe gekocht wird, bis er sich praktisch auflöst, dann mit gehackten Schalotten und kleingeschnittenem getrockneten Schweinefleisch bestreut wird – ein probates Mittel gegen übermäßigen Alkoholgenuß, das den Magen besänftigt und den Geist beruhigt.

Victoria folgte Lilys Beispiel und schöpfte etwas *jouhk* in ihr Schälchen, griff nach ihrem Porzellanlöffel und führte die Suppe zum Mund. Sie kostete und lächelte anerkennend. Eddie beobachtete sie aus den Augenwinkeln, freute sich darüber, wie sie mit Lily und der Sängerin zusammensaß, fragte sich mit milder Neugier, worüber die drei wohl schwatzten. Er hätte es vorgezogen, neben Victoria zu sitzen, schon um sie nach der verwirrenden Begegnung mit ihrem betagten Verehrer zu beruhigen. Doch er beschloß, das Dekorum zu wahren, bei seinem Gastgeber sitzen zu bleiben und kein Getue um eine Frau zu machen, was ohnehin nicht statthaft gewesen wäre.

Victoria griff wider bessere Einsicht nach einem Streifchen Qualle; sie wollte ihre Begleiter nicht durch Zurschaustellung westlicher Mäkeligkeit beleidigen. Zu ihrer Überraschung mundete es ihr; es hatte gleichzeitig Biß und einen sauberen Abgang wie reiner Ozean. Als sie nach einem ihrer Meinung nach hundert Jahre alten Ei greifen wollte, wurde sie durch ein leichtes Ziehen an den Haaren abgelenkt. Es war die Sängerin, die eine Strähne befühlte. Als Victoria ihrem Blick begegnete, wurde das Gesicht der Sängerin weicher, drückte Entschuldigung und Bewunderung aus. Die junge Frau sagte etwas zu Lily.

Lily hörte zu und wandte sich an Victoria. »Sie hat eine Bitte.«

»Sag bloß nicht, sie will ebenfalls mein Jadewasser.«

Lily lachte. »Sie geht zurück in ihr Dorf in der Provinz Guangxi. Dort hat noch nie jemand rote Haare gesehen. Die Leute glauben, daß so etwas nur auf den Köpfen von Teufeln wächst. Sie würde ihnen gern sagen, daß es von ihrer Freundin stammt.« Das Mädchen lächelte, wie um Lilys Übersetzung zu bestätigen. »Sie bittet dich um eine kleine Locke. Sie sagt, sie wird sie immer bei sich tragen. Sie wird sie an dich erinnern und ihr Glück bringen.« Victoria willigte ein. Die Sängerin kramte in ihrer Handtasche, brachte ein kleines Manicure-Etui zum Vorschein, holte eine zierliche Nagelhautschere heraus und schnitt vorsichtig eine Locke ab. Sie legte den roten Kringel ehrfürchtig in einen Plastikgeldbeutel, den die Ninja-Turtles schmückten.

»Hoffentlich wollen nicht noch mehr Leute etwas haben, sonst bleibt nicht viel von mir übrig«, sagte sie leise zu Lily.

Lily, die ihre Ansicht keineswegs teilte, rügte sie: »Du hast die falsche Einstellung. Das Mädchen will nichts von dir. Sie möchte nur, daß deine Schönheit ihr Glück bringt. Der alte Mann bat um deinen Zaubertrank, um die Kräfte, die du ihm verleihen kannst. In ihren Augen nehmen sie dir nichts weg, sondern du gibst ihnen etwas. Das ist ein himmelweiter Unterschied.«

Als sie den Club verließen, drückte die Sängerin Victoria etwas in die Hand. Victoria sah nach und erblickte einen Schlüsselring mit einem roten Plastikanhänger. Es war ein Werbegeschenk von Fan Soap, Rotchinas Raubkopie der karbolhaltigen Lifebuoy-Seife. Victoria umarmte die Sängerin und wurde mit einem strahlenden Lächeln makelloser Zähne, dem Blitzen onyxfarbener Augen und dem Knoblauchduft ihres Atems belohnt. Statt zurückzuweichen, meinte Victoria, Nelken oder Anis zu riechen, so erfüllt war sie von einem jähen Glücksgefühl.

# XXV

Die Hongkonger Büros der Handelsgesellschaft Minato Boeki Kaisha befanden sich im obersten Stockwerk eines Lagerhauses in Tsuen Wan, gleich hinter dem Container-Terminal Kwai Chung. Man erreichte das Lagerhaus über eine Zufahrt, die durch ein mit einem Vorhängeschloß gesichertes Tor aus Maschendraht vor unliebsamen Besuchern geschützt war. Die Handelsgesellschaft gehörte der Morita Jumi und diente als Tarnorganisaiton. Es war drei Uhr morgens, und in den spartanischen Büroräumen wurde kräftig mit Sake gefeiert. Selbst Gonda-san war zugegen, um den Männern durch seine Anwesenheit die Bedeutung der ihnen zugewiesenen Aufgabe vor Augen zu führen. Er saß auf dem schäbigen Sofa, ließ sich von Taira Schälchen mit Krabben und gebratenen Muscheln reichen und verfolgte, wie flink die harten Burschen dem Alkohol zusprachen. Er beschloß, es philosophisch zu sehen. Er konnte es sich leisten. Er hatte von einem der *oyabun*, einem der Bosse, in Tokio gehört. Wie dieser ihm sagte, hatte Herr Kwok, der hohe Beamte aus dem Ministerium für Altertümer in Peking, den Wert der aus dem Volksmuseum in Haimen gestohlenen Gegenstände mit fünfzehn Millionen US-Dollar beziffert. Und nun hatten sie, teils durch clevere Detektivarbeit, teils durch raffinierte Verstellung, auch noch herausgefunden, daß die Leiche von Eddie Lims Faktotum, dem alten Chinesen, den er Onkel nannte, am Morgen zur Bestattung freigegeben werden sollte.

Gonda-sans besonderes Lob hatte einem Yakuza gegolten, der sich mit rudimentären Kenntnissen der englischen Sprache bei der Hongkonger Polizei als Reporter der bedeutenden Tokioter Tageszeitung ›Mainichi‹ ausgegeben hatte. Unter dem Vorwand, Auskünfte über den bekannten Tokioter Kunstexperten Hada erhalten zu wollen, hatte er erfahren, daß die anderen kaiserlich-japanischen Untertanen kremiert worden waren und daß die einzige weitere Leiche, die mit dem Fall in Verbindung stand, von dem Wohltätigkeitsverein Shekou abgeholt werden sollte. Sie hatten somit allen Grund zu der Annahme, daß diese Information sie zu Eddie Lim führen würde, zu der *Peony VI* und zu dem uralten Schrott, der fünfzehn Millionen Dollar wert war. Also Grund genug zum Feiern.

Sie hatten bereits einen unauffälligen Honda gemietet, der vollgetankt hinter dem Lagerhaus stand. Zuvor waren sie zur Gerichtsmedizin gefahren, hatten sich mit den Örtlichkeiten vertraut gemacht und einen Platz zum Parken ausgewählt, von dem aus sie den gesamten gerichtsmedizinischen Fahrzeugverkehr beobachten konnten. Dort wollten sie um sieben Uhr früh Posten beziehen und dann dem Leichenzug folgen, ganz gleich, wohin er fuhr.

Zu Gondas nachsichtiger Belustigung drängten sich die Männer jetzt um den des Englischen mächtigen Yakuza, der die Gelben Seiten von Hongkong vor sich aufgeschlagen hatte. Es war jedoch nicht der zu Recht berühmte Commercial Guide, in dem zu Hunderten die Hersteller von Reißverschlüssen, Feuerzeugen, Bleistiftspitzern, Taschenlampen, Vibratoren, Schlüsselringen und Scherzartikeln aufgeführt sind. Es war vielmehr der sogenannte Buying Guide, bei dem es sich zwar ebenfalls um ein Branchenverzeichnis handelte, das aber auch randständigere Dienstleistungen auflistete. Zum Beispiel in dem Teil, der viertelseitigen Anzeigen für »Escort Services« gewidmet war. Die Männer, die nach Taten lechzten, wollten nämlich feiern, sobald sich die Antiquitäten auf dem Weg nach Japan befanden. Der englischsprachige Yakuza übersetzte seinen Kumpanen die verlockenden Angebote. »›Dream Girls‹«, las er vor. »Über 300 bildschöne junge Mädchen aus Asien, Europa, Nordamerika. 24-Stunden-Service. Alle Kreditkarten.« Als er keine Abnehmer fand, las er weiter: »›Ein Hoch auf die ältere Frau.‹ Charmante Damen über Dreißig.« Er wurde ausgebuht.

»Die haben wir daheim!« rief einer der Burschen ziemlich ungalant.

»Hier ist eine, die ›Blume im Schnee‹ heißt. Intim und diskret, steht da.« Er las weiter: »Dann wäre da

›Imelda‹. Über zwanzig Mädchen spanischer, malaiischer, chinesischer und japanischer Abstammung.«

»Meinst du, das ist Imelda Marcos?« fragte ein eifriger Student der Zeitgeschichte.

»Willst du vielleicht ihre Schuhe anziehen?« fragte ein Anhänger Krafft-Ebings.

Des-Englischen-mächtig las: »›Patricia, Bee und Zoey‹, Tri-Delta-Verbindungsschwestern.« Er ging darüber hinweg, da ihm das nichts sagte. »Wie wäre es mit ›Schönen Männern‹ für anspruchsvolle Herren?« Dies rief abfälliges Macho-Geschnaube und Gejohle hervor. »Euch ist aber auch gar nichts recht«, sagte Der-mit-Sprachkenntnissen-prunkt. »Ich hätte da noch ›Domina in Leder‹, ›Doppelpack: Doppelte Lust, doppelter Spaß‹, und ›Manila Dreams‹, Massage und Begleitung. Und dann ist da noch schlicht ›Die Peitsche‹. Entscheidet euch endlich.«

Während die Männer die Vorzüge der diversen Hostessen erörterten, ergriff Gonda das Wort: »Es ist spät und laut geworden. Gehen wir nach Hause. Wir brauchen morgen alle einen klaren Kopf. Und was die Hostessen betrifft, möchte ich folgendes bemerken. Wenn ihr Glück habt, holt ihr euch einen Tripper. Wenn ihr Pech habt, bekommt ihr Aids. Ihr könnt es euch aussuchen.« Leutselig fügte er hinzu: »*O-yasumi nasai.* Bitte schlaft gut.« Ernüchtert wünschten auch die Männer ihm eine gute Nacht.

## XXVI

Eddies Schlafzimmer lag im Dunkeln; nur von der Badezimmertür her fiel ein schmaler Lichtstreifen ein. Der schwache Schimmer reichte gerade aus, sich in Eddies Pupillen zu spiegeln, der über Victoria gebeugt war. Von der schwelenden Moskitospirale auf dem Fußboden stiegen aromatische Rauchkringel auf. Die Klimaanlage saugte rasselnd Luft an, um sie als eisigen Schwall wieder auszustoßen. Eddie ging durchs Zimmer und schaltete das Gerät aus. Minuten später waren sie naß geschwitzt. Victoria griff nach der Tasse neben dem Bett, schenkte sich Tee aus der allgegenwärtigen Kanne ein. Er war kalt, und sie trank ihn gierig. Als sie das erste Mal in die Teekanne geschaut hatte, die ständig mit kochendem Wasser aufgefüllt wurde, hatte sie geglaubt, grüne Eidechsen auf dem Boden liegen zu sehen. Es war ein kompletter Teezweig samt Stengeln und Blättern; unbehandelt, unzerkleinert.

Ihre Gedanken machten sich selbständig. Wie schnell sie sich an die fremdartigen Speisen gewöhnt hatte, an die kantonesischen Stimmen, die eine aberwitzige Tonleiter auf und ab glitten. Daß sie das Gefühl hatte, Lily und Wai Joi schon ewig zu kennen; wie sehr sie sich an den Duft von Ylang-Ylang in Eddies Haar gewöhnt hatte, an das Eau de toilette auf seiner Haut. Wie sie seine Wünsche schon ebenso vorausahnte wie er ihre. Er hatte ihre Beine über seine Schultern gelegt, trug sie auf der Welle empor, die sie gleich in die Gischt stürzen würde. Sie warf den Kopf hin und her, wurde sich bewußt, daß jemand neben dem Bett kniete; sah die glänzenden Augen, die spitzen Brüste mit Brustwarzen wie schwarze Oliven. Es war Lily, ein Akolyth in Anbetung des Altares. Blitzartig fiel Victoria die Kapelle des Waisenhauses ein; wie sie dort am Altargitter Kerzen angezündet hatte. Nur daß hier sie selbst die Opfergabe war, ein Kelch aus Fleisch statt aus Messing. Als sie den Mund öffnete, um gegen Lilys Anwesenheit zu protestieren, bedeckte Lily ihn mit ihrem eigenen Mund; liebkoste sie, bis sie nachgab. Victoria ließ sich treiben, wurde Teilnehmerin an einer – den beiden anderen vertrauten – taoistischen Übung zum Energieaustausch. Victoria spürte, wie sich der Rhythmus änderte, wie sich die miteinander verflochtenen Glieder verlagerten. Sie sah Eddie und Lily Mund an Mund; blickte auf, sah Lilys Venushügel direkt über sich. Sie sah das steife Schamhaar, das abstand wie die Strahlen einer schwarzen Sonne. Sie begriff, daß sie den Strom beschleunigen sollte, der den Bogen zwischen ihnen dreien entzünden würde.

Als sie erwachte, wurde ihr durch die geschlossenen Lider bewußt, daß Tag war. Sie scheute sich, die

Augen aufzumachen, hatte Angst, sich zwischen Eddie und Lily klappstullenartig im Bett zu finden. Etwas Ähnliches hatte sie einmal in einer harmlosen Sex-Komödie im Spätfernsehen gesehen. Nur daß es in dem Film der fade Kitzel von etwas war, was hätte sein können. Sie wollte nicht, daß es so endete; alle drei unter einer Decke, gegen die Kissen gelehnt wie Barbie-Puppen. Sie hatte Eddie unterschätzt. Als sie die Augen aufschlug, war nur Eddie da, makellos in schwarzem Leinen und mit einer Tasse Tee für sie. Er strich ihr das Haar zurück. »Wir müssen uns anziehen«, sagte er. »Wir gehen zu Onkels Beerdigung.«

## XXVII

Die Yakuzas saßen schon seit über zwei Stunden in ihrem Honda, als ein Kombiwagen den Parkplatz der Gerichtsmedizin verließ. Vom Pförtner war ihnen versichert worden, dies sei der Wagen, der den alten Seemann zu seiner letzten Ruhestätte bringen würde. Durch die lange Warterei gereizt, brummten sie, sie hofften doch sehr, daß es auch der richtige Chinese sei, dem sie da folgten. Sie hatten ungezählte Mild Sevens geraucht, überall im Auto die Plastikhüllen des getrockneten Tintenfisches verstreut, den sie ständig kauten; hatten sämtliche Flaschen des gekühlten Lipovitan geleert, eines Stärkungsmittels, das hauptsächlich aus Glukose und Salzlösung besteht und das die Asiaten in der festen Überzeugung süffeln, daß das sirupartige Getränk umgehend zu Energie und Gesundheit führt.

Mit Taira am Steuer, Spricht-Englisch-für-zwei auf dem Beifahrersitz und zwei handfesten Burschen im Fond folgten sie dem Kombiwagen in den Strom der Fahrzeuge. Zu ihrem Ärger schoß aus einer Seitenstraße eine schwarze Toyota-Limousine heraus und hängte sich an den Leichenwagen. Sie erkannten schon bald, daß sich ein weiterer Interessent dem Leichenzug angeschlossen hatte und daß ihnen besser damit gedient war, dem Toyota zu folgen statt dem Kombi. Im dichten Verkehr verloren sie einige Male den Kontakt, holten den Wagen aber jedesmal wieder ein. Nach einer Weile hatten sie den Bogen raus, an ihm dranzubleiben, ohne aufzufallen.

In dem schwarzen Toyota waren zwei Polizeibeamte in Zivil in ein Gespräch vertieft, das für Polizisten überall auf der Welt typisch ist. Es ging um die altbekannte Frage, wie sich ein dienstlicher Auftrag mit einer netten kleinen Mahlzeit verbinden läßt; da sie nicht unmittelbar unter Aufsicht standen, ließen sich ihre Dienstbücher entsprechend manipulieren. Inspektor Choi, schon älter und für einen Chinesen etwas korpulent, spekulierte zu Recht, wie sich herausstellte, darauf, daß die Beisetzung in den New Territories stattfinden würde, auf einem der Hänge mit Blick auf die Eisenbahnstrecke Kowloon–Kanton. Vermutlich in der Gegend von Shatin, wo sich mehrere Klöster in die Ausläufer der Berge schmiegten, einem beliebten Beisetzungsort für traditionsbewußte und einfache Menschen. Es gab dort vorzügliche vegetarische Restaurants, die von den Mönchen der verschiedenen Tempel betrieben wurden. Chois Frau, eine ungewöhnlich fromme Buddhistin, hatte dort einen Lieblingstempel, den Tin Juk, oder Himmlischer Bambus, und so schlug er vor, nach dem auftragsgemäßen Fotografieren der Trauergäste gemütlich im Hof des Klosters zu Mittag zu essen. Sergeant Chan, ein Fotospezialist, dessen Ausrüstung sich auf dem Boden zu einem Hügel türmte, war sofort einverstanden. Obwohl sie den Honda bemerkt hatten, der sorgfältig Abstand hielt, maßen sie ihm keine besondere Bedeutung bei; Chois Schilderung von Speisen, die sie erwarteten, nahm sie voll und ganz in Anspruch. Er schlug vor, die berühmten gefüllten Schwarzen Pilze des Klosters zu bestellen, gleichzeitig weich vom Tofu und knackig von den Wasserkastanien und in einer Sauce, die zwar mit Maisstärke hergestellt wurde, aber nach deftiger Hühnerbrühe schmeckte. Des weiteren pries er den Seetang mit Gemüse und getrockneten Bohnenquark-Schlingen; ein Gericht mit reichlich Karotten, Strohpilzen, den festen Bohnenquark-Schlingen mit Biß; das ganze Durcheinander in einer köstlichen Sauce und bestreut mit *faat choi*, den feinen Seetangfäden, die, wie Choi sagte, ihn an das Haar der *yam bou* eines jungen Mädchens erinnerten. Er gluckste beifällig über den gelungenen Vergleich. Dann sah er Chans saures Gesicht, seine mißbilligende Miene; er hatte vergessen, daß Chan Christ war. Den Rest des Weges legten sie schweigend zurück.

## XXVIII

Von Eddies Wohnung waren es nur wenige Gehminuten zum Bahnhof Hung Hom der Kanton–Kowloon-Eisenbahn. Dort hatten sie den hypermodernen Vorortzug bestiegen, der die New Territories durchquert und in Wo Lu endet, auf der britischen Seite der Grenze zu China. Victoria, die neben Eddie auf dem Fensterplatz saß, fiel sofort die peinliche Sauberkeit der Wagen, das Benehmen und Aussehen der Menschen auf. Unwillkürlich verglich sie die ruhige, fast lautlose Fahrt mit dem Schaukeln und Rattern des öffentlichen Nahverkehrs von New York. Den größten Kontrast stellten jedoch die Fahrgäste dar, allesamt ordentlich gekleidet in Stilrichtungen, die von konservativ bis hin zu amüsanten Bekundungen der herrschenden Jugendkultur reichten. Victoria wurde klar, daß die Reisenden, egal welchen Standes, Teil eines Gesellschaftsvertrags in puncto Gesittung und Gemeinsinn waren, welcher die angenehme Fahrt zur Folge hatte, die sie jetzt genossen. Welch ein Kontrast zu den New Yorker Zügen, die eine eingeschüchterte Mittelschicht, asoziale Außenseiter und bedrohliche Nachwuchskriminelle beförderte, wobei letztere auch noch durch die Wagen, die Bahnhöfe und die schmutzigen Gänge streiften.

Victoria blickte aus dem Fenster, sah auf der dem Meer zugewandten Seite ebenes Gelände, auf der anderen sanft ansteigendes Vorgebirge. Geschmeidig wie ein Aluminiumdrache schlängelte sich der Zug durch die Landschaft, raste an Hochhaussiedlungen und umzäunten Barackenunterkünften vorbei, in denen vietnamesische Boat people oder Flüchtlinge vom Festland untergebracht waren. Sie passierten Gebrauchtwagenhandlungen, Märkte, Schulen mit Basketballplätzen und hielten kurz in architektonisch ansprechenden modernen Bahnhöfen. Die Häuser für Einkommensschwache, unpersönliche Betonklötze auf der Seeseite, unterschieden sich kaum von den Schlafstädten, die am Rande großer europäischer Zentren aus dem Boden schießen; doch die landeinwärts gelegene Seite bot ein traditionelleres Bild: kleine ummauerte Häuser mit Ziegeldächern, Ententeichen, alles mit Bambus und Weiden überwuchert. Victoria und Eddie wollten in Shatin aussteigen, von wo aus es nicht mehr weit zum Tempel der Zehntausend Buddhas war. Mit dem Zug ging es schneller, wie Eddie sagte, und Limousine oder Wäscherei-Lieferwagen hätten nur unnötige Aufmerksamkeit auf ihn gelenkt. Victoria würde man für eine Touristin halten, wie sie häufig durch die New Territories kamen. An einem der Bahnhöfe stiegen zwei ältere Frauen zu, die beide tätowiert waren und spitze Strohhüte trugen. Eine hatte ein Tablett mit gebratenen Hühnerschlegeln in der Hand, die andere Coca-Cola-Dosen. Eddie kaufte Hühnerschlegel und kalte Getränke. Er biß sofort in einen Schlegel. »Du bist unmöglich«, sagte Victoria. »Wie kann man zum Frühstück Hühnchen essen, das weiß Gott wo zubereitet wurde!«

Eddie lachte. »Es ist köstlich. Außerdem falle ich schon vom Fleisch; du zehrst an meinen Kräften. Noch eine Woche, und ich bin erledigt.«

»Eddie«, sagte sie, »morgen ist mein letzter Tag ...« Sie spürte Tränen, die ihr in den Augen brannten, und sah aus dem Fenster. Er hatte nichts bemerkt; der Zug war in den Bahnhof Shatin eingefahren, und Eddie wollte draußen sein, bevor die pneumatischen Türen wieder zuschlugen.

Sie verließen den Bahnhof und schlugen schon bald einen mit Kies bestreuten Weg ein, der sich den Hang hinaufschlängelte. Sie gingen langsam; es herrschte bereits drückende Hitze. Noch ehe sie um die kleine Biegung kamen, hörten sie das monotone Leiern buddhistischer Gebete. Als sie ans Grab traten, sahen sie, daß Onkels sterbliche Überreste bereits eingemauert worden waren, und zwar in einem Mausoleum am Hang, das genau wie ein altmodischer Dorfbackofen aussah. Ein graugewandeter Mönch mit rasiertem Schädel, in den Händen eine lange Gebetsschnur, leitete die Zeremonie. Trotz seiner katholischen Erziehung erkannte Eddie, daß die Gebete des Mönchs dazu beitrugen, die Tore der Hölle zu öffnen, damit Onkels Seele die Unterwelt verlassen konnte, um dann, gemäß dem von ihm geführten Leben, wiedergeboren zu werden, direkt in den Himmel emporzusteigen oder in immerwährendem Inferno zu verharren.

Dieser nützlichen Zeremonie wohnten neben den Vorstandsmitgliedern des Wohltätigkeitsvereins Shekou auch mehrere wettergegerbte alte Männer bei, Seefahrer vom gleichen Schlag wie Onkel. Eddie nahm einige Weihrauchstäbchen, zündete sie an, bewegte sie hin und her, so daß sich eine graue Rauchfahne bildete, und steckte sie dann in eine mit Sand gefüllte Blechdose, die früher Bohnerwachs enthalten hatte. Eddie ging zu den Vorstandsmitgliedern und gab ihnen einen Umschlag, den sie feierlich entgegennahmen. Die Seeleute kamen herüber, um Eddie zu begrüßen; er antwortete ihnen mit einem ernsten Nicken, und dann war es vorbei. Victoria fand, daß der Feier, bei aller Kürze, durch die Anwesenheit derer, die Onkel geschätzt hatten, eine eigene Würde verliehen worden war, durch den blauen Himmel droben, durch den Ozean im Hintergrund und durch die Schiffe im Tolo Harbour, deren Sirenen einem tapferen Fahrensmann ein letztes seemännisches Lebewohl nachschickten.

Statt den anderen Trauergästen den Weg hinunter nach Shatin zu folgen, blieben Eddie und Victoria noch einen Moment. Eddie starrte die bescheidene

Grabstätte an, als wollte er die Steine durchbohren, als wollte er nach Onkel greifen, um ihm zu sagen, daß sein Opfer nicht vergessen worden war, nicht vergessen werden würde. Er machte sich keine Vorwürfe, dachte nicht, er hätte mehr für Onkel tun können; dazu hatte er sich nicht verpflichtet gefühlt. Onkel war ein Angestellter gewesen; er hatte ihm einen Lohn gezahlt, der seiner Arbeit angemessen war, und hatte ihn auf der *Peony* wohnen lassen. Aber während er den Weihrauch betrachtete, der sich schon in Asche verwandelte, die goldbeschrifteten Zellophanhüllen der Blumenbouquets, die sich in der Hitze zu beschlagen begannen, dachte Eddie, daß das nicht viel war nach einem Leben im Dienste anderer. Plötzlich sah er Onkel vor sich stehen, in seinem weißen T-Shirt, seinen viel zu großen Khaki-Shorts, seinen Gummilatschen. Wie immer wurde seine brennende Zigarette von der hohlen Hand geschützt, als wollte er selbst jetzt noch verhindern, daß sie von der Meeresbrise ausgelöscht wurde. Er sah Eddie direkt in die Augen und schien mit einer Kopfbewegung zu sagen: »Geh jetzt. Gräme dich nicht. Du und ich, wir haben uns gekannt.«

Victoria besaß genug Einfühlungsvermögen, um zu erkennen, daß Eddie mit einer seelischen Erregung kämpfte. Als er sich abrupt abwandte, folgte sie ihm schweigend, nicht hinunter nach Shatin, sondern weiter hinauf, zum Gipfel des Hügels. Sie kamen an einer Reihe steinerner Buddhas vorbei, keinen Kunstwerken, sondern vielmehr Kopien desselben Modells, als stammten alle aus einer Form. Die Elemente hatten ihnen eine gewisse Würde verliehen, sie durch den Regen geschwärzt, Flechten und Moos auf ihnen wachsen lassen. Sie gingen weiter und standen plötzlich auf der Hügelkuppe. Eddie tat etwas für ihn Untypisches, geradezu Westliches: Er streckte die Arme nach Victoria aus, um sie mit seiner schützenden Aura zu umfangen. So standen sie da, wie Liebende auf einem Filmplakat, die in eine glückliche Zukunft blicken. Obwohl die Szene gekünstelt wirkte, war es doch ein wunderbarer Moment; unter ihnen das Grün des Hügels; zu ihren Füßen der Ort Shatin; die Wasserläufe, die sich vom Tolo Harbour landeinwärts zogen; die vor Anker liegenden Schiffe, das klagende Tuten ihrer Sirenen.

Eddie zog sein Jackett aus, forderte Victoria mit einer Geste auf, darauf Platz zu nehmen; dann legten sie sich wie ein junges Liebespaar zurück und wandten ihre Gesichter der Sonne zu. Auch das war etwas Ungewöhnliches. Normalerweise mied Victoria die direkte Sonneneinstrahlung, da sie zu Sommersprossen neigte und weil man in ihren Kreisen das Sonnenbaden als einen Zeitvertreib für Leute betrachtete, die in Florida oder den Catskills Urlaub machen. Eddie mit seiner aristokratischen elfenbeinfarbenen Haut hatte gelernt, es Höhergestellten gleichzutun und die Sonne zu scheuen, um nur ja nicht den nußbraunen Ton des kantonesischen Bauern anzunehmen.

Victorias Stimme drang durch das Summen, Brummen und Sirren der sonnentrunkenen Insektenwelt. »Was ist mit dem Mann, den ich erschossen habe? Darüber haben wir nie gesprochen. Was geschieht jetzt?«

»Die ›South China Mail‹ hat einen kurzen Artikel gebracht. Etwas über ein Schiffsunglück. ›Vier japanische Staatsbürger geborgen. Haiverseuchte Gewässer.‹ Etwas in der Art. Im ›Hong Kong Standard‹ stand nichts.«

»Ob sie bewußt Informationen zurückhalten? Der Mann hatte schließlich eine Schußwunde im Kopf.«

»Dafür könnte es durchaus Gründe geben. Hongkong ist auf den Fremdenverkehr angewiesen. Es wäre daher kontraproduktiv, von mehrfachem Mord in unseren Häfen zu berichten, während hier eine internationale Bankenkonferenz stattfindet. Oder die Polizei hat etwas vor. Wir wissen es nicht. Ich vermute, daß es nur einen einzigen Überlebenden gibt; den klobigen Japaner, der den Revolver fallenließ. Er wäre der letzte, der zur Polizei gehen würde. Warum sollte er sich freiwillig mit einem Verbrechen in Verbindung bringen?«

»Was ist mit Onkel? Stand etwas über ihn in den Zeitungen?«

»Nicht in den englischsprachigen. Eine knappe Meldung im ›Sing Dou‹. ›Unbekannter Mann, etwa fünfundsechzig, aus der Bucht geborgen. Wahrscheinlich illegaler Einwanderer.‹ Kein besonders toller Nachruf.«

»Ich werde in ein paar Tagen wieder in Amerika sein. Aber um dich mache ich mir Sorgen. Die Antiquitäten, die Japaner – könnte die Polizei da nicht einen Zusammenhang herstellen?«

»Ich weiß es nicht. Ich bedaure nur, daß ich dein Leben aufs Spiel gesetzt habe.«

»Ich bedaure gar nichts. Ich habe in diesen drei Tagen mehr gelebt als in meinem ganzen Leben.« Sie legte den Kopf auf seine Schulter. Sie spürte, wie er erstarrte, wie seine Arme, seine Schultern, seine Brust zu Stein wurden. Sie konnte nicht ermessen, unter welchen Qualen er ihre Geste zurückwies.

»Laß das«, sagte er und stieß sie weg. Bemüht plump fragte er: »Was ist mit deinem Mann?«

»Ich habe ihn angerufen, ihm gesagt, daß ich morgen aus Kanton zurück bin.«

»Und er hat dir geglaubt?«

»Das mußte er wohl. Er hat ein schlechtes Gewissen.«

Eddie lächelte. »Ich habe das noch nie gemacht.«

»Mit der Frau eines anderen geschlafen?«

»Mit einer Frau im Gras gelegen, den Vögeln gelauscht, mir einen Strohhalm in den Mund gesteckt. Für derartige Dinge haben wir keine Zeit. So etwas sehen wir nur auf BBC. Chinesen kennen nur Rennen und Hetzen und Geschäftemachen; oder sie lernen die halbe Nacht, um bessere Noten zu bekommen und in bessere Schulen zu kommen; versuchen ständig, Eltern und Großeltern und Ehefrauen und Kinder zufriedenzustellen. Wir müssen lächeln, wenn wir hören, daß jemand im ›Urlaub‹ ist.«

Victoria streckte die Hand aus und pflückte eine wilde Blume. »Eddie«, sagte sie, »erzähl mir von Lily. Wie hast du sie kennengelernt?«

»Sie muß damals vierzehn gewesen sein. Ich erwischte sie, als sie mir Zigaretten aus dem Auto stahl. Sie kam aus der Walled City, der Ummauerten Stadt in Kowloon. Es gab dort keine Kanalisation, kein fließendes Wasser. Vor kurzem hat man sie endlich abgerissen. Es gab dort mehr Ratten und minderjährige Prostituierte als irgendwo sonst auf der Welt.«

»War sie ...?«

»Nein, dafür war sie schon damals zu clever. Sie schlug sich anders durch; hat gestohlen, Seeleute und Betrunkene ausgenommen, Lotterielose verkauft. Ihre Mutter warf sie raus, als sie zehn war.«

»Und du hast sie auf die Schule geschickt?«

»Nein. Ich habe ihr alles beigebracht, was mich die Nonnen gelehrt hatten. Rechnen, Schreiben, Manieren, Respekt. Unterdessen hat sie mir den Haushalt geführt. Als sie fünfzehn war, kam sie zu mir ins Bett. Als sie sechzehn war, fing sie an, mir ihre Freundinnen zu bringen. Als ich den Roten Lotos aufgemacht habe, half sie an der Bar. Sie war intelligenter und arbeitete härter als mein Geschäftsführer. Da habe ich ihn gefeuert und Lily die Leitung übertragen. Als sie zwanzig wurde, habe ich sie am Geschäft beteiligt.«

»Schlaft ihr noch miteinander?«

»Nein. Sie ist nicht nur meine Freundin, sondern auch mein schärfster Konkurrent.«

Victoria pflückte noch eine Blume, versuchte ihre nächste Frage zu formulieren. Wenn die beiden nicht mehr miteinander schliefen, wie wollte er dann die Dreierorgie der vergangenen Nacht erklären? »Eddie«, sagte sie. »Wegen gestern nacht.« Er gab keine Antwort. Sie drehte sich zu ihm um. Er schlief fest.

Sie stand auf, noch die Blumen in der Hand, wollte einen Strauß pflücken. Sie streifte durchs Gras und entdeckte eine Stelle mit blauen Lilien. Da trat Taira aus dem dichten Schilfrohr, preßte ihr eine fleischige Hand auf den Mund, drückte ihr das Knie gegen das Gesäß und brachte sie mühelos zu Fall. Zwei weitere Yakuzas tauchten auf. Sie stopften ihr ein Taschentuch in den Mund, hoben sie hoch und trabten mit ihr davon.

## XXIX

Als Eddie eine Stunde später aufwachte, war er wegen Victorias Abwesenheit keineswegs beunruhigt. Mit dem Realitätssinn der Han ging er davon aus, daß sie sich nicht die Nase puderte, sich nicht frischmachte, sich nicht die Beine vertreten wollte, sondern sich zum Pinkeln in die Büsche gehockt hatte. Als sie nach zehn Minuten nicht zurück war, schlenderte er in Richtung des Schilfrohrs, sah zertrampelte Grashalme, stieß umgehend auf die verstreuten Blumen, die sie gepflückt hatte. Besorgt ging er weiter und sah schon bald einen Schuh, Victorias Schuh, auf dem unebenen Weg liegen. Er rief mehrmals laut ihren Namen, erkannte, daß es vergeblich war und folgte dann, da er Angst bekam, dem Pfad hinunter zum Kloster.

Bis Eddie einen Suchtrupp kahlrasierter Mönche und Nonnen aus einem der Tempel zusammengestellt hatte, waren Inspector Choi und Sergeant Chan längt mit dem vegetarischen Mittagessen im Himmlischen Bambus fertig. Um die Unstimmigkeit bezüglich der Seetangfäden nicht zu verschärfen, hatte Choi nicht den Seetang mit Gemüse und getrockneten Bohnenquark-Schlingen bestellt, sondern sich für geschmorte *e-mein*-Nudeln entschieden, ein einfaches, bekömmliches und nahrhaftes Gericht, das keine sexuellen Assoziationen weckte, die Chan aus der Fassung hätten bringen können. Danach waren sie ins Präsidium in der Arsenal Street zurückgefahren, ohne unterwegs von dem Honda gestört zu werden, der ihnen auf der Hinfahrt gefolgt war.

Tatsächlich hatte der Honda bereits den Hof der Minato Boeki Kaisha erreicht; das Tor war wieder mit dem Vorhängeschloß versperrt worden, und die Männer hatten eine sich heftig wehrende Victoria hinauf in die Büroräume der Firma getragen. Dort standen langhalsige Flaschen Sapporo Dry Beer im Kühlschrank, und die Yakuzas fanden, daß jetzt ein schönes kühles Bier, gebraut mit dem Gletscherwasser Hokkaidos, angebracht war, um den Raub der rothaarigen Geisel zu feiern. Taira versuchte, Gonda-san im Holiday Inn den erfolgreichen Abschluß der Operation zu melden, aber der war nicht auf seinem Zimmer. Die Männer hatten Victoria den einzigen Sessel überlassen, sahen keine Veranlassung, sie zu fesseln, und hatten ihr sogar ein Glas Bier angeboten. Während sie auf Gondas Rückruf warteten, hatten sie eine Kiste Shochikubai-Sake entdeckt, sie sofort aufgemacht und eine Flasche in den Sake-Wärmer gestellt, der im Büro bereitstand. Der Anglist reichte Victoria eine leere Tasse und schenkte ihr geradezu feierlich ein. Victoria wiederum sah keine Veranlassung, die Männer zu provozieren; hatte begriffen, daß ihr weiteres Schicksal irgendwie von dem Telefonanruf abhing, auf den alle warteten. Sie nahm daher einen winzigen Schluck; spürte sofort, wie ihr die essigartigen Dämpfe in die Nase stiegen; erlebte den Hustenreiz des unerfahrenen Saketrinkers. Die Männer, die sich um sie geschart hatten, zeigten ihr Mitgefühl, indem sie aufmunternd lächelten und kleine Verbeugungen machten. Spricht-Englisch-wie-ein-Alter reichte ihr die Flasche, und die Männer stellten sich an, um sich von ihr die Tassen füllen zu lassen. Englisch?-Kein-Thema! klärte sie auf: »In Japan nicht höflich, sich einschenken selbst; nicht höflich, Glas auf Tisch stehenlassen; in Japan höflich, einschenken für andere Person.« Zur Illustration leerte er seine Tasse und hielt sie ihr hin, damit sie ihm nachschenkte. Er sagte: *»Kampai!«*, erwartete, daß sie genau wie er die Tasse leerte, doch Victoria lehnte ab, wobei sie den Kopf schon beinahe so neigte, wie es sich in Japan geziemt.

In der Arsenal Street, im Polizeipräsidium, waren die Teleaufnahmen von Eddie und Victoria gerade entwickelt worden und wurden nun von Sergeant Chan in Superintendent Ivor Braddocks Büro gebracht. Senior Inspector Lee war ebenso anwesend wie Inspector Woo und ein Beamter von der Abteilung Organisiertes Verbrechen. Braddock studierte die Fotos: Aufnahmen von Eddie und Victoria auf dem Weg von Shatin den Hügel hinauf; Eddie vor einem der Zement-Buddhas; Nahaufnahmen von Victoria; Eddie vor dem Grab, die Arme in die Seite gestemmt. Braddock wartete auf Kommentare der anderen, aber als keine kamen, sagte er: »Das ist Eddie Lim, der Besitzer des Roten Lotos. Die Bar gleich um die Ecke.«

»Der alte Mann, dieser Luk Ching Kong, hat auf der *Peony VI* gearbeitet, die einer Tarnfirma in Kwun Tong gehört«, sagte Senior Inspector Lee. »Der eigentliche Besitzer ist ein hiesiger Geschäftsmann, wie mir die Männer vom Wohltätigkeitsverein gesagt haben. Wer er ist, wissen sie angeblich nicht. Natürlich haben sie gelogen, aber offensichtlich ist es dieser Eddie Lim.«

Woo ergriff das Wort. »Jetzt müssen wir nur die *Peony* finden, dann haben wir Mr. Lim und die Antiquitäten. Stimmt's?«

Braddock sah auf die Uhr. »Im Lotos geht der Betrieb erst nach zwanzig Uhr los; um die Zeit kommt er für gewöhnlich. Holt ihn gegen halb neun ab. Wenn wir gar nicht erst nach ihm suchen, vermeiden wir unnötiges Aufsehen.«

»Augenblick mal«, sagte Woo. »Was ist mit dem Flittchen, das er bei sich hat?«

»Wir wissen nicht, wer sie ist«, sagte Braddock, »aber ein Flittchen ist sie bestimmt nicht. Wir haben es mit einer Dame aus der besten Gesellschaft zu tun, soviel steht fest.«

»Wenn sie tatsächlich etwas Besseres ist, was treibt dann Eddie Lim mit ihr?« wollte Woo wissen.

»Schon mal gehört, daß sich Gegensätze anziehen?« fragte Braddock. »Obwohl ich gestehen muß, daß mir das noch nie passiert ist.«

»Und wo weilt Ihre Ladyschaft jetzt? Interessiert uns das?« fragte Senior Inspector Lee.

Ihre Ladyschaft weilte natürlich noch in den Büros der Handelsgesellschaft, wo die Dinge allmählich außer Kontrolle gerieten. Taira, dem sein Erfolg zu Kopf gestiegen war, hatte zusammen mit den Männern zwei 1,5-Liter-Flaschen Sake geleert, und die dritte wurde bereits erhitzt. Die Japaner, ein Volk von ansonsten exemplarischer Selbstbeherrschung, besitzen, was Alkohol betrifft, eine sehr niedrige Toleranzschwelle. Das ist nicht als Kritik gemeint, denn da sie auf Inseln leben, noch dazu unter unglaublich beengten Verhältnissen, und durch hohe Mieten gezwungen sind, winzige Wohnungen mit mehreren Generationen zu teilen, bietet nur der Alkohol die Möglichkeit zur Flucht in eine Dimension von Privatleben und Ellenbogenfreiheit. Die japanische Gesellschaft erkennt dies an, so daß der Trunkenheit dort kein Makel anhaftet wie im Westen. In Übereinstimmung mit diesen zivilisierten Sitten hatten die Yakuzas der Morita Gumi bereits einen ziemlich roten Kopf und begannen ausgelassen zu werden. In den japanischen Teehäusern führt dies zu traditionellen Tänzen, begleitet von rhythmischem Händeklatschen, zu harmlosen Spielchen mit Zigaretten, Streichhölzern und Münzen, zu anzüglichem Flirten mit den anwesenden Geishas. Aber um elf Uhr abends sitzen die Männer dann alle in ihren Vorortzügen, auf dem Weg nach Hause, wo ihre Frauen sie mit kalten Kompressen und aufrichtiger Sorge um ihr Wohlergehen erwarten. Hier gab es keine mäßigenden Einflüsse dieser Art, und Victorias Anwesenheit heizte die Stimmung zusätzlich an. Einer der Herren meinte, es sei doch langweilig, aus winzigen Täßchen zu trinken; im Fernsehen habe er einen Schwarzweißfilm gesehen, ein großartiges Epos über den *shina jiken,* den Chinesischen Zwischenfall, so der japanische Euphemismus für die brutale Unterwerfung Nordchinas; einen Film, der *Hoodlum Soldiers – Ehre geht vor Recht* hieß, in dem Männer wie Männer tranken und nicht wie Vögelchen. Er erklärte ihnen, wie das ging. Die Männer fanden die Idee auf der Stelle absolut brillant. Der Anglophile wurde dazu bestimmt, Victoria die Spielregeln zu erklären, doch er sagte, völlig zu Recht, daß sie sich bestimmt weigern würde, und wenn die Männer Soldaten spielen wollten, dann sollten sie sich gefälligst wie Soldaten benehmen. Die Männer verstanden den Wink, packten Victoria, ähnlich wie Hunde einen hingeworfenen Knochen, und trugen sie zum Schreibtisch. Sie hielten sie fest, achteten darauf, ihr nicht weh zu tun, schoben ihre Kleidung zurück und legten ihren Bauch frei. Einen Moment waren alle still und betrachteten sehnsüchtig und anerkennend die seidige Beschaffenheit der schneeweißen Haut, die winzige Rundung des Bauches, der sich hob und senkte, als wüßte er bereits, was ihn erwartete; die Tiefe des Nabels. Der Initiator des ergötzlichen Spiels brachte die Flasche mit dem warmen Sake, füllte Victorias Nabel mit dem starken Reiswein und forderte Taira auf, den ersten Schluck zu trinken. Auf diese angenehme Weise leerten sie Flasche um Flasche. Victoria fand, sie sei, solange ihr Nabel als Trinkgefäß diente, noch einmal davongekommen.

## XXX

Als Eddie in den Roten Lotos kam, standen erst wenige Gäste an der Bar, ansonsten war das Lokal noch leer. Drei Stufen auf eimal nehmend, rannte er die Treppe hinauf, betrat sein Büro und wählte, ohne das Licht einzuschalten, eine Nummer in Macao. Er erreichte Schwester Rafael in ihrem Büro; berichtete ihr, ohne ins Detail zu gehen, was vorgefallen war; deutete an, daß eine größere Transaktion schiefgegangen war und daß er keine andere Wahl hätte, als sich der Polizei zu stellen, um von offizieller Seite Hilfe bei der Suche nach Victoria zu erhalten. Falls er festgenommen werde, würde er versuchen, ihr den monatlichen Betrag von außerhalb zukommen zu lassen, was aber einige Zeit dauern könnte.

Schwester Rafael hatte Eddie mit keinem Wort unterbrochen. Als er fertig war, sagte sie auf portugiesisch: »Mein Sohn, ich weiß, was es dich kostet, zur Polizei zu gehen; aber wenn das zur Freilassung der amerikanischen Frau führt, wirst du unter einem guten Stern stehen. Gott segne dich, mein Eduardo. Deine Mutter wird dich nicht im Stich lassen. *Adeus.*« Ohne eine Antwort abzuwarten, legte sie auf. Eddie blieb regungslos sitzen, bis ihn ein

Hüsteln veranlaßte, aufzublicken und das Licht anzuknipsen. In einer Ecke saß ein muskulöser Japaner, der einen zerknautschten grauen Garbardine-Anzug trug und stark nach Sake roch.

»Mr. Eddie Lim«, sagte Miterfinder-der-englischen-Sprache, »bitte nicht sein böse. Ich nur Bote für mein Boss. Botschaft sehr einfach. Du geben uns alle Antiquitäten von *Peony*, und wir geben Mrs. Phillips dir.«

Eddie hatte nicht übel Lust, sich auf den Mann zu stürzen, ihn windelweich zu prügeln und ihm schwere Verletzungen beizubringen; doch bedauerlicherweise wußte er, daß sie Victoria als Geisel hatten und daß seine einzige Chance darin bestand, auf Zeit zu spielen, und das noch dazu denkbar lahm. »Woher weiß ich, daß ihr sie habt?« sagte er.

Anstelle einer Antwort griff Ich-mach-nicht-viele-Worte-aber-die-sind-auf-englisch in sein Jackett und zog einen Umschlag heraus. Er trat an Eddies Schreibtisch, hielt den Umschlag in Schulterhöhe, machte ihn vorsichtig auf und ließ einen feinen Schauer rotgoldener Schamhaare auf Eddies Schreibtisch rieseln.

Eddie schoß wie ein Projektil hinter seinem Schreibtisch hervor. Englisch-für-die-Mittelstufe trat einen Schritt zurück und nahm die Abwehrstellung eines Judo-Schlägers ein. »Mr. Lim. Du sein dumm; wir zeigen Mrs. Phillips Tricks, du nie haben gehört.« Nachdem er Eddie damit zum Stehen gebracht hatte, zog er einen zweiten Umschlag aus der

Tasche und sagte in vernünftigem Ton: »Das nicht persönlich, Mr. Lim. Das rein geschäftlich. Bitte unterschreiben Übertragungsdokument und geben Anweisung, Ladung aus Haimen-Museum uns aushändigen.« Er breitete die entsprechenden Papiere auf Eddies Schreibtisch aus.

Eddie las aufmerksam die in Englisch und Chinesisch abgefaßten Anweisungen, das Werk einer örtlichen Anwaltskanzlei. »Gott steh euch bei, wenn ihr ihr auch nur ein Haar gekrümmt ...« Er brach ab, merkte, daß er sich lächerlich machte. Er versuchte es anders. »Wann wird Mrs. Phillips freigelassen?«

»Mrs. Phillips frei, wenn Ladung in internationale Gewässer.« Er reichte Eddie einen beigen »Fude«-Stift aus Kunststoff, eine weitere bahnbrechende technologische Entwicklung Japans, die den Mechanismus eines Füllfederhalters mit der Funktion eines Tuschepinsels verbindet, wie er zum Schreiben sino-japanischer Zeichen benutzt wird. Eddie unterzeichnete mit drei Ideogrammen und setzte dann in lateinischen Buchstaben ›Eduardo Lim‹ darunter. Englisch-ohne-Mühe hatte noch ein weiteres Anliegen. »Bitte Stempel, Mr. Eddie Lim.«

Eddie schluckte seinen Stolz hinunter, griff in seinen Schreibtisch, holte den kleinen Stempel heraus, in dessen Unterseite sein Name geschnitten war, und drückte ihn neben seiner Unterschrift auf. Durch Anbringen des scharlachroten Zeichens hatte er unwiderruflich einen asiatischen Geschäftsabschluß besiegelt. Er ließ die Papiere auf dem Tisch liegen. Englisch-in-Schule-und-Beruf hob das Dokument geradezu feierlich mit beiden Händen auf, faltete es und steckte es wieder in die Brusttasche. Dann sah er Eddie ins Gesicht und verbeugte sich tief aus der Hüfte. Obwohl Eddies selbstloser Akt etwas war, das Langenscheidt-san nicht nachvollziehen konnte, hatte er großen Respekt vor einem Mann, der ein Vermögen weggegeben hatte, um die Freilassung einer Frau zu erwirken. Diese Tat war irgendwie der Ronins würdig, der verarmten Samurai ohne Lehnsherren, die ständig und ohne Aussicht auf Erfolg einer schwer definierbaren Gerechtigkeit nachjagten. Und genau mit diesen romantischen Gestalten aus Nippons Vergangenheit identifizierten sich die Yakuzas von heute. Dem-das-Englische-liegt klopfte sich auf die Brusttasche, verließ das Zimmer und ging die Treppe hinunter.

Eddie sah nur das gesponnene Gold auf seinem Schreibtisch schimmern; es hatte jenes himmlische Polster gebildet, an das er so gern seine Wange geschmiegt hatte. Es dauerte einen Moment, ehe er die beiden Männer, die das Büro betreten hatten, wahrnahm. Einer von ihnen war in Zivil, der andere trug das Khaki und Blau der Hongkonger Polizei. Der Beamte in Zivil ratterte die knappe Rechtsbelehrung der Royal Hong Kong Police Force herunter: »Eddie Lim, Sie stehen unter Arrest; Sie sind nicht verpflichtet, eine Aussage zu machen; aber alles, was Sie sagen, kann als Beweis gegen Sie verwendet werden.« Und so kam es, durch eine Laune der Geschichte, daß ein chinesischer Polizist in den letzten Tagen der britischen Kronkolonie einem gewissen Eddie Lim, Besitzer eines Striptease-Lokals in Wanchai, die in der Magna Charta verbürgten Grundrechte gewährte, die 1215 auf einer Wiese bei Runnymede errungen worden waren.

## XXXI

Es war 8.30 Uhr. Im 15. Stock des Arsenal House saß Superintendent Ivor Braddock an seinem Schreibtisch. Vor sich hatte er die Fotos von Eddie Lim, den Einlieferungsbescheid, die Liste der aus dem Museum von Haimen gestohlenen Gegenstände sowie Dr. Winston Hoos Aufnahmen der diversen Leichen. Er war bei der sechsten Senior Service angelangt und bei seiner dritten Tasse Tee mit süßem Kondensmilchschlamm. Er wollte gerade veranlassen, daß ihm dieser Lim vorgeführt wurde, als der diensthabende Beamte eintrat und eine Nonne meldete, eine gewisse Schwester Rafael. »Eine Schwarze!« flüsterte er auf kantonesisch.

Braddock erhob sich, als die Nonne, eine eindrucksvolle Erscheinung in blendendweißer Ordenstracht, auf ihn zukam. Er glaubte, schwache Stammeszeichnungen auf ihren Wangen zu erkennen. »Guten Morgen, Superintendent Braddock«, sagte sie auf englisch mit portugiesischem Akzent. Ihr Händedruck war trocken, hart, schwielig. Braddock dachte: Eine Frau, die in ihrem Leben schon so manches Waschbrett glattgerubbelt hat. Sie schien ein ziemlicher Besen zu sein, aber er beschloß, sie zu mögen. Er bot ihr einen Stuhl vor dem Schreibtisch an, kehrte dann auf seinen eigenen Platz zurück und verlieh der Sitzordnung dadurch die gewünschte antagonistische Note.

Schwester Rafael gefiel Braddocks äußere Erscheinung. Er hatte ein offenes, intelligentes Gesicht, und die Fältchen um Mund und Augen ließen einen Hang zu Ironie und wohldosierter Albernheit erkennen; aber sie war überzeugt, daß er nach Art bestimmter Engländer unbestechlich war. Während sie ihn musterte, zündete er sich eine neue Senior Service an und griff zum Telefon. »Bringen Sie eine Kanne englischen Tee und richtige Milch dazu für die Schwester. Und sorgen Sie dafür, daß die Tasse nicht angeschlagen ist.«

Schwester Rafael lächelte. »Sie sprechen also Kantonesisch, noch dazu gut. Sehr schön; dann brauche ich Sie nicht mit meinem Englisch zu quälen.« Sie schaltete auf Kantonesisch um. »Ich bin hier, weil Sie Eduardo Lim in Gewahrsam haben.«

»Das ist tatsächlich der Fall, Schwester. Er wurde gestern abend verhaftet.«

»Ich muß fast hundert Kinder satt bekommen, bekleiden und erziehen. Was glauben Sie wohl, wie ich das finanziere? Aus dem Opferstock?«

»Ich setze mich gern für Sie mit der Hongkonger Erzdiözese in Verbindung ...«

Eine Polizistin, eine stämmige junge Kantonesin, kam mit einem Tablett herein, stellte den Tee auf den Schreibtisch und schnappte einige Brocken der

Unterhaltung auf. Sie kehrte auf ihren Posten im Vorzimmer zurück und sagte zu einer Schreibkraft: »Du wirst es nicht glauben. Aber der *gwailo*-Inspector und diese schwarze *gwaipo*-Nonne schwatzen miteinander Chinesisch wie alte Bekannte beim Gemüsehändler.«

Schwester Rafael fuhr fort: »Ich will keine Almosen von Ihrer Erzdiözese. Ich will, daß Eddie, Eduardo Lim, für meine Kinder sorgt. Er ist unsere Haupteinnahmequelle, seit er mit dreizehn weggelaufen ist.«

»Unglücklicherweise befindet er sich im Gewahrsam Ihrer Majestät. Er wird schwerer Delikte beschuldigt. Anstiftung zum Diebstahl in einem befreundeten Land. Die Volksrepublik wird seine Auslieferung verlangen. In Anbetracht der derzeitigen politischen Lage werden wir diesem Wunsch höchstwahrscheinlich entsprechen. Außerdem hat er gestohlene Gegenstände in die Kronkolonie gebracht, ebenfalls ein schweres Verbrechen. Hinzu kommt Mittäterschaft beim Mord an japanischen Staatsbürgern. Soll ich fortfahren?«

»Superintendent. Mit Ihrem Appell, Chinas Wünschen müsse entsprochen werden, richten Sie bei mir gar nichts aus. Die chinesische Regierung hat das gesamte kulturelle Erbe des Landes zerstört, die Gotteshäuser geplündert, buddhistische wie konfuzianische, taoistische wie christliche. Die Kunstgegenstände, von denen Sie sprechen, sind im Westen besser aufgehoben. Und was die Japaner betrifft, so waren das bestimmt keine Kuratoren des Tokioter Nationalmuseums.«

»Ich ziehe den Hut vor Ihnen«, sagte Braddock. »Sie sind bestens informiert ...«

Schwester Rafael unterbrach ihn mitten im Satz. »Superintendent, unsere Berufe sind sich gar nicht so unähnlich. Wir arbeiten beide für eine bessere Gesellschaft. Und dabei lernt man die menschliche Natur kennen.«

Braddock schenkte Tee nach. »Ich merke, daß Sie im Begriff sind, Eddie Lim in einem rosigeren Licht darzustellen. Angesichts der vorliegenden Beweise würde ich Ihnen davon abraten.«

»Sie glauben wohl, daß ich einem Orden angehöre, in dem man ein Schweigegelübde ablegt; in dem man seine Zeit damit verbringt, Kerzen anzuzünden; in dem man sich am Ostersonntag geißelt. Ich lebe in derselben Welt wie Sie, Inspector. Ich bin das, was Soziologen einen Aktivisten nennen, jemand, der sich für die Prostituierten, die Lahmen, die Blinden, die Aussätzigen einsetzt. Und ich habe mich vierzig Jahre lang um meine Waisenkinder gekümmert, Gott schütze sie. Ich weiß, daß Eddie Lim anders ist. Er würde Leben und Vermögen für andere hergeben. Wem ist damit gedient, wenn Sie ihn einsperren lassen? Ihrer Königin? Oder den neuen Machthabern, die bald hiersein werden?«

Braddock, der voller Bewunderung für diese merkwürdige Frau war, stoppte ihren Redefluß. »Ich bin kein Richter, Schwester Rafael. Ich bin ein Polizeibeamter, der seine Pflicht tut.«

»Ich bin keine Novizin, auch nicht, was die Polizei betrifft. Ich kenne die Gerichtssäle und Gefängnisse von Macao. Die Akten gehen durch Ihre Hände, und Sie können bestimmen, ob sie im Mülleimer oder beim Staatsanwalt landen.«

Braddock lächelte. »Wollen Sie damit andeuten, daß ich …«

»Nein. Keineswegs. Ich spreche nicht als Nonne. Ich spreche als Mutter.«

»Sagten Sie Mutter?«

»Ja. Ich habe Eddie vor zweiunddreißig Jahren in Zeitungspapier eingewickelt gefunden. Ich habe ihn großgezogen wie mein eigenes Kind. Als hilfloser Säugling war er mein Liebling. Und als Mann ist er noch immer mein Liebling.« Sie stand auf, strich mit majestätischer Gebärde ihre Röcke glatt. »Falls es zum Prozeß kommt, werde ich zu seinen Gunsten aussagen. Und ich werde nicht allein in den Gerichtssaal marschieren, sondern zusammen mit meinen zwanzig Schwestern in Schleier und Ordenskleid, mit meinen hundert Waisen in ihren blauen und weißen Uniformen und mit allen meinen ehemaligen Zöglingen, die es zu etwas gebracht haben, und wir alle miteinander werden Leumundszeugen sein und für Eddie Lim so laut Hosianna rufen, daß uns die Königin im Buckingham Palace hört.« Sie hielt inne, von ihrer eigenen Heftigkeit überrascht. »Denken Sie darüber nach,

Superintendent Braddock. Ich gebe Ihnen meine Adresse.«

»Die brauche ich nicht.«

»Nein?«

»Ich kaufe immer die Kokosplätzchen, die Ihr Waisenhaus zu Weihnachten backt. Ich schicke sie heim. Meiner Mutter in England.«

Schwester Rafael beschenkte Braddock mit einem Lächeln von solcher Reinheit und Wärme, daß er ihr lautstarkes Plädoyer auf der Stelle vergaß. »Superintendent«, sagte sie. »Die Wege des Herrn sind unerforschlich. Vielleicht werden unsere Plätzchen zuerst Süßigkeit in Ihrem Mund und dann Milde in Ihrem Herzen verbreiten.« Sie wandte sich zum Gehen, und Braddock sprang auf, um ihr die Tür zu öffnen. Sie hielt ihn mit einer Handbewegung davon ab. »Gott segne Sie«, sagte sie und machte die Tür hinter sich zu.

Braddock nahm wieder Platz, streckte die Beine aus, fuhr sich mit der Hand durchs Haar. »Großer Gott«, sagte er bei sich. »Die Frau gehört ins Papamobil.«

## XXXII

Gerade als Eddie Lim in Superintendent Braddocks Büro geführt wurde, kam ein Honda die Canton Road in Kowloon herunter. Am Steuer saß ein selbstsicherer Gonda-san, der wie zu Hause auf der linken Straßenseite fuhr. Er war mit einem dunkelgrauen Anzug bekleidet, wie es sich für eine Führungskraft des mittleren Managements in Japan gehörte. Ungewöhnlich war nur der schwere Bambusstock, der an seinem Knie lehnte und von einer Verletzung zeugte, die er vor Jahren erlitten hatte. Das gleiche galt für die auffallende Rothaarige neben ihm, die einem zufälligen Beobachter als eine seltsame Begleiterin für den Mann am Steuer erschienen wäre. Gonda und Victoria hatten die Strecke von Tsuen Wan nach Kowloon schweigend zurückgelegt, und das nicht nur wegen der Sprachbarriere, sondern weil es nichts zu sagen gab. Gonda-san war direkt zu der Handelsgesellschaft gefahren, hatte selbst aufgeschlossen; war auf das höchst ungewöhnliche Zechgelage gestoßen und hatte mehrere der Männer erbarmungslos mit seinem Stock verprügelt. Im stillen hatte er jedoch einräumen müssen, daß der Trick, den die Gauner angewendet hatten, perfekt geklappt hatte. Bevor Gonda die Büroräume der Handelsgesellschaft verließ, hatte er telefonisch die Mitteilung erhalten, das Umladen der Antiquitäten von der *Peony VI* in den Laderaum der Christensen Lady Wanda wäre reibungslos vonstatten gegangen. Er wußte, daß die Motorjacht unverzüglich Kurs aufs offene Meer genommen hatte. Obwohl die »Operation Dachs« somit erfolgreich abgeschlossen war, hatte Gonda den Männern angekündigt, der *oyabun* in Tokio würde noch mit ihnen abrechnen. Schließlich konnte man den Verlust des Kunstexperten Hada und der vier Yakuzas nicht einfach abschreiben.

Von alledem wußte Victoria natürlich nichts. Sie hatte die Tortur überstanden, bei der lediglich ihre Würde verletzt worden war; sie befürchtete, daß Eddie weit Schlimmeres widerfahren war. Ihre zaghaften Nachfragen waren von dem Mann neben ihr mit verständnislosem Grunzen abgewehrt worden. Als der Wagen in die Salisbury Road einbog, wurden ihr die Touristen bewußt, die Massen von Amerikanern und Europäern, die mit Einkaufstaschen in der Hand herumhasteten. Obwohl sie nur ganze drei Tage in einer rein chinesischen Umgebung verbracht hatte, kam es ihr vor, als gehörte sie nicht zu diesen faden weißen Gesichtern, als stammten sie aus einer anderen Welt. Ihre Überlegungen wurden unterbrochen, als der Wagen nach rechts in die Auffahrt des Regent Hotels einbog.

Sie stieg aus dem Honda, machte die Tür zu und betrachtete den imposanten Eingang des Hotels. Es widerstrebte ihr, in ihrem zerdrückten, mit Sakeflecken übersäten Kleid und den Gummilatschen, die ihr die Japaner gegeben hatten – einen Schuh hatte sie im Schilf verloren –, die elegante Halle zu betreten. Doch sie war sich nicht lange über ihre Gefühle im unklaren. Die Halle war ihr völlig schnuppe; was sie tatsächlich empfand, waren Verwirrung und ein Gefühl der Verlassenheit. Sie warf den Kopf in den Nacken und betrat das Hotel.

Braddock hatte Eddie Lims Personalien aufgenommen und war willens, die Straftaten, die ihm zur Last gelegt wurden, ganz allgemein zu erörtern. Er schob Eddie seine Packung Senior Service hin. »Noch eine von diesen Zigaretten«, sagte Eddie, »und ich gestehe alles. Glauben Sie, Sie können für mich eine Marlboro auftreiben?« Braddock bat telefonisch um diese Marke, und ein Beamter brachte eine zur Hälfte gerauchte Packung herein. Eddie steckte sich dankbar eine an.

»Heute morgen war eine Schwester Oberin aus Macao hier. Sie muß mit dem ersten Tragflächenboot rübergekommen sein. Nach ihren Worten zu schließen, sind Sie entweder der Heiland, der wundersam Brot und Fische vermehrt, oder eine Mutter Teresa mit Eiern.«

»Schwester Rafael«, sagte Eddie. »Die einzige

Mutter, die ich je gekannt habe. Ich würde alles für sie tun.«

»Und sie würde alles für Sie tun. Ihre Einnahmequelle muß ihr bekannt sein. Die Mädchen in Ihrem Massagesalon in Manila und in Ihrem Club in Macao sind schließlich keine Pfadfinderinnen.«

»Die Casa Linda in Manila ist polizeilich gemeldet, und die Borboleta in Macao wird sogar in ›Macao bei Nacht‹ erwähnt. Schwester Rafael ist Realistin. Sie sorgt sich um das Wohl ihrer Waisenkinder. Sie kann nichts dafür, wenn ein Teil des Geldes nicht direkt aus der Münzanstalt kommt. Darauf hat sie keinen Einfluß. Und im übrigen belaste ich sie nicht mit Einzelheiten. Sie weiß, daß mir die Wäscherei GROSSES GLÜCK gehört und daß mir fünfzig Prozent einer Akupunkturklinik in Vancouver gehören.«

»Leider hat die Erziehung im Waisenhaus bei Ihnen nicht viel gefruchtet. Ihnen wird ein schweres Vergehen zur Last gelegt, der Diebstahl im Volksmuseum in Haimen.«

»Das ist nicht die Schuld des Waisenhauses. Ich bin mit dreizehn weggelaufen, bevor mein Charakter endgültig geformt war. Die meisten von den Buben werden später Buchhalter, Zahnärzte oder Hersteller von Armani-Imitationen. Zu dieser Art Arbeit fühlte ich mich nicht berufen.«

Donnerwetter, dachte Braddock, der Bursche hätte aufs Priesterseminar gehen sollen; der hat das Zeug zu einem erstklassigen Jesuiten. Er griff nach einem Stapel Faxe auf seinem Schreibtisch.

»Das ist eine Liste der in Haimen gestohlenen Gegenstände. Das Ministerium für Altertümer in Peking hat sich eingeschaltet. Und auf unserer Seite wünscht Gouverneur Patten, daß die Sache zur Zufriedenheit der Volksrepublik geregelt wird. Er hat auch ohne diesen ganzen Mist schon genug Probleme mit Peking. Wenn Sie alles zurückgeben, wird man die gegen Sie erhobenen Vorwürfe milder beurteilen. Und ich möchte Ihnen dringend empfehlen, diesen Kurs einzuschlagen.«

»Es tut mir leid, aber das ist unmöglich«, sagte Eddie. »Es ist alles weg.«

»Scheiße«, sagte Braddock. »Alles weg? Peking behauptet, das Zeug sei fünfzehn Millionen Dollar wert, US-Dollar.«

»Übertreibung. Die haben vom Westen gelernt. Zehn Millionen kämen der Sache näher.«

»Und Sie haben schon alles verkauft? An wen, zum Teufel?«

»Ich habe es verschenkt.« Eddie deutete auf die Fotos der japanischen Leichen. »An die Yakuzas.«

Braddock stand auf. »Das darf doch wohl nicht wahr sein! Was um alles in der Welt war Ihnen zehn Millionen Dollar wert?«

»Die Sicherheit einer Person«, sagte Eddie und nahm sich noch eine Marlboro.

»Stand das Leben dieser Person auf dem Spiel?«

»Nein«, sagte Eddie und stieß Rauch durch die Nase aus.

»Was dann? Verstümmelung? Körperlicher Schaden?«

»Nein.«

»Lassen Sie mich raten. Irreparable psychische Schäden?«

»Nein«, sagte Eddie, dem bewußt war, daß er Braddock zur Weißglut trieb.

»Ja, verdammt noch mal, was kann denn zehn Millionen Dollar wert sein?«

Eddie bedeutete Braddock, wieder Platz zu nehmen. Merkwürdigerweise tat er das. »Wie lange sind Sie schon hier?« fragte Eddie.

»Im Juni werden es vierzehn Jahre«, sagte Braddock.

»Sie sprechen perfekt Kantonesisch. Dann wissen Sie sicher, was *yuhk mun* bedeutet?«

»Jadepforte?« explodierte Braddock. »Die Jadepforte eines Weibsbilds ist Ihnen zehn Millionen US-Dollar wert?«

»Ja«, sagte Eddie, »so ist es.«

»Schwester Rafael hat gesagt, Sie seien anders. Ich fange an, ihr zu glauben. Die Geschichte müssen Sie mir schon genauer erzählen. Am besten fangen Sie ganz vorne an.«

Eddie schenkte sich eine Tasse Tee ein. »Das Ganze hat in der Markthalle in der Queen's Road angefangen. Vor drei Tagen …«

Victoria saß in ihrer Badewanne und ließ sich von den Jacuzzi-Düsen massieren, genau wie am Morgen nach ihrer Ankunft. Auf dem Rand der Wanne stand ein Glas Scotch on the rocks. Sie hatte eine zerknirschte Notiz von Otis vorgefunden: »Bin froh, daß du wieder da bist. Hole Hemden etc. in der Einkaufspassage ab. Wir fahren um 12.30 Uhr zum Flughafen. Ich liebe dich, Otis.« Der Zettel lag auf einem Päckchen, das für sie bestimmt war. Eine teure Kamera, der Verpackung nach zu schließen.

Sie saß regungslos in der Wanne und blickte auf das in strahlendes Morgenlicht getauchte Hongkong auf der anderen Seite der Bucht. Im Geiste hatte sie die Ereignisse der letzten drei Tage nochmals ablaufen lassen; sie wußte, was sie erlebt hatte, doch die Farbe begann schon zu verblassen, wie auf einer Polaroidaufnahme, die in der Sonne gelegen hat. Was zurückblieb, waren der Duft von Ylang-Ylang, die unerforschlichen Augen, die zärtlich und hart, jung und alt zugleich waren; der Klang seiner Stimme.

In heißem Orchideenwasser gebadet, oh!
Das Haar gewaschen mit duftenden Essenzen!
In männiglich Farben der Blumen gewandet, oh!
Wie die Edelste aller Blüten!

Sie empfand heftiges Verlangen nach ihm. Wieder wünschte sie sich, neben ihm aufzuwachen und zu wissen, daß er selbst über ihren Atem gewacht hatte. Sie leerte ihr Glas und unterdrückte die in ihr aufsteigende Traurigkeit. Sie griff zu einem Mittel, das ihre Mutter empfohlen hatte – einer eiskalten Dusche. Dann fönte sie sich das Haar und musterte sich im Spiegel. Abgesehen von den purpurfarbenen Bißspuren auf ihrer Schulter, die, der Größe nach zu schließen, von Lily stammten, sah sie aus wie immer, doch ihr Körper kam ihr überempfindlich und liebeswund vor. Sie betrachtete ihre kahle Pubes, beschloß zu vollenden, was die Yakuzas begonnen hatten. Mit dem Rasierer und der Rasiercreme von Otis entfernte sie die spärlichen goldenen Überreste. Sie kam zu dem Schluß, daß sie nicht viel anders aussah als an dem Weihnachtsabend vor rund zwanzig Jahren, als sie und ihre Cousine Heather, nach zuviel Punsch, die Höschen ausgezogen und ihre jungfräulichen Muschis verglichen hatten.

Sie war gerade in ihr Reisekostüm geschlüpft, als Otis zurückkam.

Zu dem Geröll auf Ivor Braddocks Schreibtisch waren abgegessene Teller hinzugekommen, in denen noch krustige Reste von Speck und Eiern, von Toast und Marmelade klebten. Eddie war beim Resümee seiner Ausführungen angelangt. »Und das ist die ganze Geschichte. Sie können sich denken, was sie mit ihr gemacht hätten, wenn ich die Ladung nicht herausgegeben hätte.«

»Meinen Sie nicht, sie hätte das überlebt?«

»Ich hatte kein Recht, sie in eine derartige Zwangslage zu bringen.«

»Noch dazu, wo Sie verrückt nach ihr sind«, sagte Braddock in einem Ton, der schon fast billigend klang. Eddie gab keine Antwort. »Ich glaube, Schwester Rafael hat allen Grund, stolz auf Sie zu sein.« Eddie sagte noch immer nichts. »Lassen Sie uns über die Anklagepunkte sprechen«, sagte Braddock. Eddie drückte die Zigarette aus. »Ich kann Sie nicht wegen Mithilfe beim Diebstahl der Antiquitäten einbuchten. Der ganze Kram ist schließlich weg; da würde ich schön blöd aussehen. Was die Yakuzas angeht, so können wir froh sein, daß wir das Gesindel los sind. Und zu Ihrem Glück habe ich keine Beweise aus erster Hand, daß Sie daran beteiligt waren. Natürlich ist da noch die bewußte Dame, aber ich bezweifle, daß sie gegen Sie aussagen wird.«

»Gut«, sagte Eddie ungeheuer erleichtert, »dann kann ich also gehen.«

»Durch Ihre Festnahme sind Sie in das Räderwerk einer computerisierten Bürokratie geraten. Ich muß Sie also wegen irgendeiner Sache anklagen.«

»Wie wäre es mit Beamtenbestechung?«

»Hervorragend«, sagte Braddock. »Woran hätten Sie denn gedacht?«

»Wann hören Sie hier auf?«

»Ich gehe 1997 in Pension. Wenn die Volksbefreiungsarmee einmarschiert.«

»Was wollen Sie dann machen? In Ihrem Garten Petunien züchten? Das machen die Engländer doch, wenn sie sich zur Ruhe setzen.«

»Noch nicht ganz. Ich habe daran gedacht, irgendwo in der Provinz einen Sicherheitsdienst zu gründen.«

»Das macht doch jeder pensionierte Oberfeldwebel. Das bringt nichts ein. Und nach vierzehn Jahren Hongkong sind Sie an Betrieb, an schöne Frauen, an gutes Essen gewöhnt. Glauben Sie wirklich, daß es Ihr ganzes Glück wäre, in einem möblierten Zimmer zu leben? Auf irgendeiner High Street Würstchen im Schlafrock zu essen?« bohrte Eddie weiter. »Ich gehe ebenfalls weg. Ich will eine chinesische Imbißkette mit Straßenverkauf im Vereinigten Königreich aufmachen. Ich hätte Sie gern als Hauptgeschäftsführer. Werden Sie sich mein Angebot überlegen?«

Braddock lächelte. »Ich kann ja mal mit meinem Steuerberater reden. Aber jetzt gehen wir erst mal runter und erheben Anklage gegen Sie. Störung der öffentlichen Sicherheit und Ordnung wäre genau das richtige.«

»Ich bekenne mich schuldig«, sagte Eddie.

# XXXIII

Victoria und Otis waren in der Abflughalle des Flughafens Kai Tak und warteten darauf, daß ihr Flug aufgerufen wurde. Sie taten, was man im letzten Moment eben so tut, kauften Zeitungen, verschleuderten die letzten Hongkong-Dollar in einem Laden für Geschenkartikel. Auf dem Weg zur Sperre sagte Otis plötzlich zu Victoria: »Ich wollte dir schon längst die gute Nachricht mitteilen. Du weißt doch, meine Rede? ›Erlassen oder Vergessen? Die Rolle der Banken bei der Verschuldung der Dritten Welt‹?« Und ob sie sich daran erinnerte. »Sie war ein großer Erfolg. Wurde im ›Wall Street Journal‹ zitiert. Also, die Bank of America hat mir ein Angebot gemacht. Sie wollen mich für ihre Auslandsabteilung in London haben. Wir würden nächstes Jahr hinziehen. Kannst du dir das vorstellen? Die ganzen Antiquitätenhändler in World's End, in Camden Town, in der Portobello Road. Du kannst anfangen, dein Inventar zusammenzutragen. Dann kannst du deine Galerie eröffnen, wenn wir zurückkommen. Sobald mit Dads Testament alles geregelt ist, kannst du deine endgültige Entscheidung treffen. In bezug auf uns, meine ich.«

Victoria wurde durch einen Mann abgelenkt, der auf sie zukam und fast hinter dem riesigen Plüschpanda verschwand, den er im Arm trug; doch dann erkannte sie den verräterischen Bambusstock an seiner Seite. Gonda-san drückte ihr das über einen Meter große Ding in den Arm, verbeugte sich mehrmals und murmelte etwas, das sich wie eine Entschuldigung anhörte. Dann deutete er mit der Geste eines Zirkusdirektors hinüber zum Abflugschalter der Japan Airlines, wo sich ebenfalls eine Schlange gebildet hatte. In ihr standen Empfiehlt-sich-auf-englisch und seine drei Kumpane. Sie hatten die Hände auf die Knie gelegt, um sich tief vor ihr zu verneigen. Merkwürdigerweise hatte jeder von ihnen einen verbundenen Finger. Als sie den Oberkörper nach vorn neigten, kam Taira in Sicht, der sich hinter ihnen versteckt hatte. Bei ihm war nicht nur ein Finger verbunden, sondern der ganze Kopf. »Was sind das für Leute?« fragte Otis. »Sag bloß nicht, daß die mit dir in Kanton waren.«

»Wir haben mal etwas zusammen getrunken«, erwiderte Victoria. »Ich fand sie höchst ungewöhnlich.«

Otis war noch nicht zufriedengestellt. »Die haben ja alle einen Verband am Finger. Kannst du mir erklären, warum?«

»Ich bin nicht ganz sicher«, sagte Victoria, »aber vielleicht sind sie hinterm Sushi-Tresen gescheitert.«

Ihr Flug wurde aufgerufen, und die Passagiere stellten sich in einer Art Schlange auf. Wieder entstand irgendwo Unruhe. Diesmal war es Lily, die in den Abflugbereich gestürmt kam. Sie hatte einen Blumenstrauß dabei, den sie Otis in die Hand drückte, und umarmte Victoria. »Vergiß mich bitte nicht«, sagte sie. Victoria umarmte sie ebenfalls. Dann hielten sie sich mit ausgestreckten Armen fest, und noch einmal weidete sich Lily an den blauen Augen, dem goldenen Haarschopf, den Sommersprossen; noch einmal staunte Victoria über die elfenbeinfarbene Haut, die makellosen Zähne, das glatte schwarze Haar. Otis schaute verdutzt zu; er war ein Hurenbock, kein Liebender, und so entging ihm das nicht Greifbare, das die beiden Frauen verband.

Lily flüsterte ihr ins Ohr: »Wir gehen nächstes Jahr nach London. Eddie will dort einen Betrieb aufbauen.« Sie küßte Victoria noch einmal und ging dann, ohne sich umzublicken, Richtung Ausgang.

Victoria begab sich zur Paßkontrolle, im Schlepptau Otis mit dem Panda und den Blumen. Bevor sie durch die Sperre ging, blickte sie sich noch einmal um, spürte zutiefst, daß sie noch nicht allen Lebewohl gesagt hatte. Ohne große Hoffnung durchforschte sie das Meer der Gesichter hinter der Sicherheitskontrolle. Und dann sah sie ihn. Er winkte mit dem linken Arm, die Hand zum Abschied ausgestreckt. Victoria spürte, wie ihr plötzlich ganz warm wurde, wie eine unbändige Freude sie erfaßte, die ein Gefühl des Verlustes bittersüß machte. Sie winkte kurz, ging dann durch die Sperre und war verschwunden.

»Sie sieht wirklich toll aus«, sagte Braddock, der hinter Eddie stand, die linke Hand mit Handschellen an Eddies rechte gefesselt. »Aber zehn Millionen Dollar?« Er schüttelte den Kopf. »Ich weiß nicht.«

»Ich schon«, sagte Eddie, und dann gingen sie zum Ausgang und zu dem Polizeiwagen, der draußen auf sie wartete.